門外不出のプロの技に学ぶ

映像と企画のひきだし

黒須美彦

宣伝会議

門外不出のプロの技に学ぶ

映像と企画のひきだし

はじめに

この本は、映像に関心のあるひとすべてにむけられたものです。

と、間口の広い言いまわしではじめてみました。僕は、CMプランナーです。しかも、そうとう年季の入った、職人で言うと「この道ひと筋50年」などといういぶし銀レベルの手練れです。なので、基本的にはCMのお話しか出来ないのですが、CMというのは歴史的にありとあらゆる映像や音像、映画的技術や放送技術に加えて、最新のデジタル技術やマーケティング戦略のあれこれが交錯してきた場であって、ま、いろいろと知ったり経験したりしてきたわけです。

その経験値の集大成をまとめてみようか、という流れの中で「映像」と「企画」のことに的を絞ってとりあげたのは、その周辺のことを考えるのが、すこぶる面白いからです。昭和50年業界入社の僕らの時代は「映像」と言えば、映画スクリーンやテレビという画面に映し出された画像が中心でしたが、ひとたび「広告」という仕組みの中で活用されると、それは覚醒させたり記憶させたり笑わせたり、ある時はわなわなと感動させたりさえする「作用」があったのです。その作用を色々考えて仕掛けるのが「企画」です。どこに目をつけるか、どんな回路を通すか、どんな風にコトバ化するか、など「やり口」の掛け算を模索するのが仕事でした。

そうそう「CMプランナー」という言葉は、意訳をすれば「映像」を「企画」する人、という意味になりますね。「僕CMプランナーなんだな」「あらすごい」「なことないよてへへ」なんて浅く軽い仕事とイメージされがちですが、けっこう、深く考えたりもしているのですよ。そこ、お見せしたいです。お伝えしたいです。テレビの時代から、いまやスマホやPC画面や街角のOOHなどに「映像」の中心核は移行しつつありますが、そこに到達する「企画」という観点では、応用できるノウハウもかなりザクザクとあるのではないかと、本にしてみました。

これまで、宣伝会議や広告学校、日本大学藝術学部放送学科、京都精華大学デザイン学部、多摩美術大学、慶應義塾大学などなど、さまざまな講義や授業のカタチでお伝えしてきたことを、ひきだしの開示という方式で並べてみた感じです。

画：関谷宗介

もくじ

プロローグ

気が遠くなるほど、たくさん、CMをつくってきた。

CD（クリエイティブディレクター）[1]&CMプランナーとして博報堂で28年、シンガタで14年、クロロスで7年。計48年余というCMプランニングキャリアの中で、数えたことはないけど、たぶんCM制作本数は、2千本くらいになるんでしょうね。バリエーション制作が多いからもうちょっとかも。

時代をつくってきたなんて言わないけれど、少なくとも時代と併走はしてきたかな。その時代時代の「商品」や「人気者（タレント）」に出会っては通過してまた出会う、の繰り返し。普通に呼吸をしながら、「コトバ」と「映像」と「メディア」と「デジタル」と「街の空気」とを掛け合わせてCMをこさえてきたわけですね。

企画テクニックや表現技術はいくつも体得したり開発もした。同時に、あんまり欲しいとも思ってなかった人間関係術、プレゼン術、世渡り術、組織編成術、なんかも身についた。その分、ヤな感じなんだろうな。僕のバイブルだった小説『ライ麦畑でつかまえて』（J・D・サリンジャー著）の主人公・ホールデンだったら、「け、いんちきだぜ」と言ってそっぽを向くようなことも、たっぷり身につけてきた。そもそも、広告屋なんて外国映画でロクな描かれ方をしていない。三谷幸喜氏がオマージュと言っている『12人の優しい日本人』の元ネタ映画『12人の怒れる男』（シドニー・ルメット監督）では一番軟弱な日和見男が広告マンだった。映画『クレイマー、クレイマー』でも、ドラマ『奥さまは魔女』でも、描かれていたのは、かなりインチキ臭い広告マン。クライアントとのパーティに明け暮れ、生活時間は乱れまくり、口八丁手八丁で、小器用で小心者で小賢しい、そんなイメージなのかも。ま、日本ではそこまでじゃないにしろ、かなりディープな業界であるのは確かだ。いろんな人種であふれていて、いろいろなニーズや狙いや知恵やスキルが交錯する、と同時にそれらは学習もできるわけだし、ある意味こんなおもしろい業界はないとも言えるんだな。普通に生活しているよりも数倍、いや数十倍の経験値が稼げるわけだ。稼ごうと思えば。

そうそう、広告制作者に大切なのは「生活経験値」を稼ぐことだと思っている。どれだけ失恋したか、物欲があったか、喧嘩したか、天秤に掛けたか、焦ったか、リベンジしたか、忘れたか、忘れようとしたか、泣いたか、笑ったか、といったあたりから、視聴者や消費者のココロをつかむヒントが生まれるんだと思う。

生活のリアルな共感シーンを描くことを「スライス・オブ・ライフ＝生活の断面」と言ったりするけれど、僕の仕事の基本は「スライス・オブ・マイライフ」。つまり、自分の経験値の切り売り。自分の最寄りの、見聞きした世界が十分多彩であれば、いろんな感情表現や企画のヒントが浮かんでくると言うわけだ。

1　もともと広告業界では企画側の責任者のことをこう呼んでいるが、最近いろいろな業界で目にする。流行りのカッコイイ職種のようだ。クリエイティブなことを指揮する的な文字通りの意味で使われているようだが、あまり明快な定義がないように思う。

基本編❶

CMを考える、ということ

マザーグース風に言えば
「CMってなんでできてるぅ」
「映像と、コトバと、時間軸とでできてるよぉ」

映像と言葉と時間を操るという意味では、CMは、すこぶる映画と似ている。映画と違うのは「作品」ではないということ。モノを売ったり、イメージを変えたり、という商業的なミッションを担った「仕事」であるということ。楽しんでもらったり考えさせたりしても、最終的にはなんらか「作用する」メッセージになっている必要がある。

映像もコトバも奥が深いけれど、とりわけ時間っていうのは容赦ない。一方通行の流れがあって、その中で物事は始まり、いつか終わる。だからムービーは時間に従って流れる。緩急があったり、支離滅裂だったり、荘厳だったり、穏やかだったり、その流れが特性にもなる。なんでもありだが、CMは目的があるから、収束させる仕組みづくりだ。

CMをつくる上で、その基本となるのが「コンテ」。一般にコンテ、画(え)コンテとも言うが、CMやドラマの撮影において、企画や台本の流れをイラストなどで表現したものだ。

ＣＭの基本を「コンテ」で説明しよう

ＣＭは主にテレビに流れる映像である。よって、「四角い」。テレビに限らず、映像というのは、スマートフォンの中でも、映画館でも、おおむね四角い。オムニマックス（半球状のスクリーンに映像を映写するシステム）や顕微鏡写真など、球形や円形の映像など例外もあるけれど。人間の両目の視野に近しく横長で四角い。テレビは現在16対9比率だが、20年ほど前までは4対3比率だった。インスタグラムは1対1の正方形だけれど、いずれにせよ四角い動画だ（Ｐ15のコンテはディレクター関谷宗介氏[2]のものだが、関谷さんら電通映画社系出身のディレクターは輪郭を曖昧にした円形コマで、ライバル会社の日本天然色映画系ディレクターのコンテは四角いコマだったと記憶している）。

コンテはＣＭや動画の進行を図式化したものだ。この右側の流れが音声パートだ。そう、ＣＭには「音」がある。演者の発するセリフだったり、ナレーターの天の声だったり、「バタン！」という効果音とか、バックグランドミュージックとか、いろいろある。映像と音とは並行して進行する。なるべくタイミングは合っていてほしい。

そして、真ん中の列はこれから撮影する映像だ。カメラが寄りから引きになったり、場所が変わったり、時間が飛んだり。そう、「編集」されるものだ。ワンカットを誇るものもあるけれど、あらかじめ編集することを計算して撮ることが多い。音も、映像も。そこに計算がある。技がある。

そして重要なことは、コンテには上から下へ時間の流れがある。つまりＣＭには「時間軸」がある。

2　ＣＭディレクター。コラム「すごい人に出会った　8」参照。

関谷宗介監督によるAEON CARDのテレビCMの画コンテ。出演は、蒼井優さん（2005年）

そう、書式上のルールだ。欧米では英語やらの都合でコンテは横書が多く、時間軸も左から右だ。いずれにせよ、始まってから、何秒何分後かに終わる。多くの日本のCMは15秒だ。

その15秒はすこぶる「短い」。映画監督がCMをつくると、はじめはみなさん戸惑うようだ。欧米の広告賞などでは60秒やそれ以上の長尺が受賞するが、CMのホントの勝負は、15秒だぜ、と思う。いや、そんな気がするだけだけど。あと細かいことだが、フィルム撮影のCM音声には、ノンモン（「ノン・モデュレーション」の略で無音状態のこと）という1秒前後ののりしろ的空白がある。つまり音は正味13秒くらいしかないのだ。

そして最後のカットなどに、「企業名や商品名」が入る。これもCMのルールだ。出自を明らかにするわけだ。そう、CMの主体は「企業」や「商品」だ。ここも大切なところだ。広告賞などではCMを便宜的に「作品」と呼んだりするが、正しくはない。あくまで「仕事」だ。

画コンテ発想

CMプランナーというのは、「画(え)コンテを考える人」という説明は間違っていない。それ以外にも、大事な役目もいろいろあるけれど、ここは避けて通れない。画コンテの体裁は、実に人それぞれ、いろんなカタチがある。画がうまい人は自分でさらさら描いちゃうし、画が苦手と思う人もそれなりに味のあるヘタウマ画にトライしたり、マンガや写真の切り貼りをパワポやキーノート上に並べてセリフや会話を置いたりもする。僕は、ここに近いかな。音楽的な仕掛けや言葉遊びなど音が重要な場合には、ラジオCMのような音コンテもわかりやすいし、さらにはカメラワークや編集に力点の置かれた企画の場合は、参考動画をラフにつないだ簡易Vコン（ビデオコンテ）なども有効だったりします。あと、画はつけないで、文字構成だけで仕立てる人も多いですね。脚本的というのか、ト書き[3]的というのか、それを「字コンテ」と言います。文字だけだからか、コピーライターの企画するCMに多い気もします。

僕は、字コンテをあまり好まない。読み取るのも大変だしね。字コンテ派は、画がない分だけ想像力を膨らませてもらえる、行間に意味を感じてもらえる、ストーリー性に重きが置けるとか、おっしゃるのですが、画があった方が企画意図が瞬時に伝わる。15秒のCMなど特に、商品との関係や全体の趣旨がパッと把握できる。どんなサイ

3 演劇用語でシナリオや画コンテなどでも使われる。セリフ以外の、主として登場人物の動作や行動を指示する注意書き。画コンテでは映像全般の説明書きのことも多い。

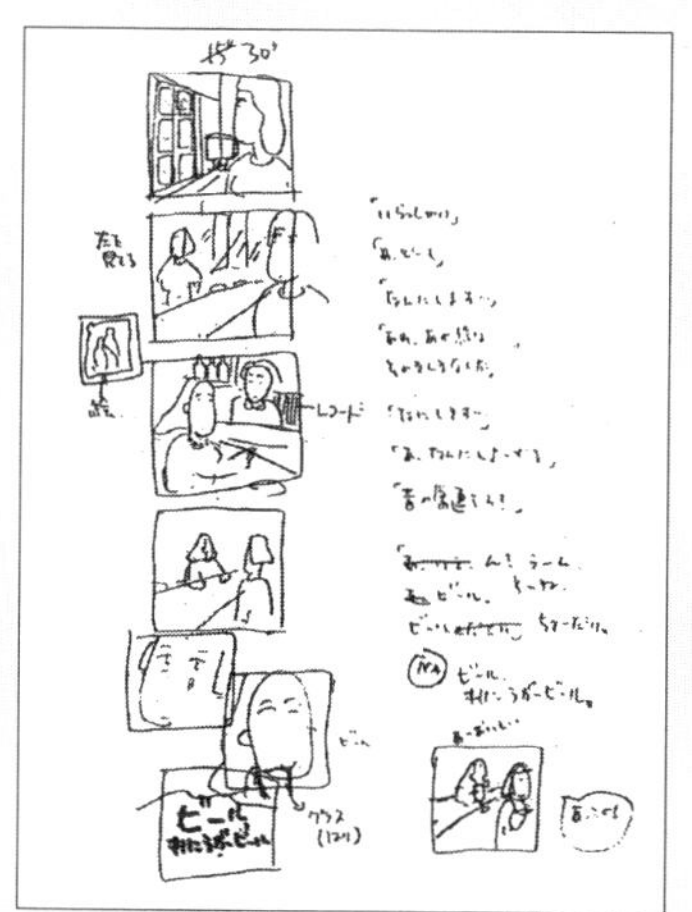

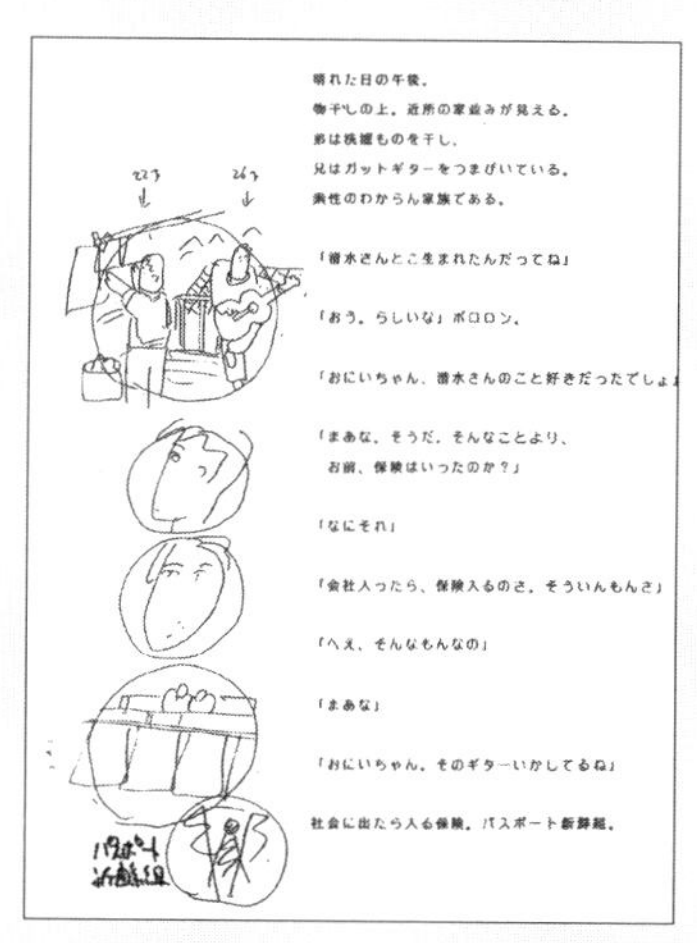

かつて僕が描いた画コンテ

ズ感の映像なのか、誰が出て何をするのか、位置関係や編集構成がどうなのか、画があった方がよりわかると、思う。

例えばP.18左図は、プランナー・松井正徳君の企画コンテ。この企画は、プレイステーションのPSマークが人間のように足が生えて走り出すというものだが、彼のコンテでは、人物はほとんど簡素な線画系で表現される。ま、実に味わいがある。瞬時に伝わる雰囲気がある、とも言える。クライアントへのプレゼンでは、丁寧に清書することもあるが、企画打ち合わせは、これで十分なのだ。場合によってはクライアントへも、これでいけちゃう。だから、ま、画は、描いた方がいいよ。映像の企画なんだから。

映画『黒い十人の女』や『東京オリンピック』の巨匠・市川崑さんの画コンテも、う

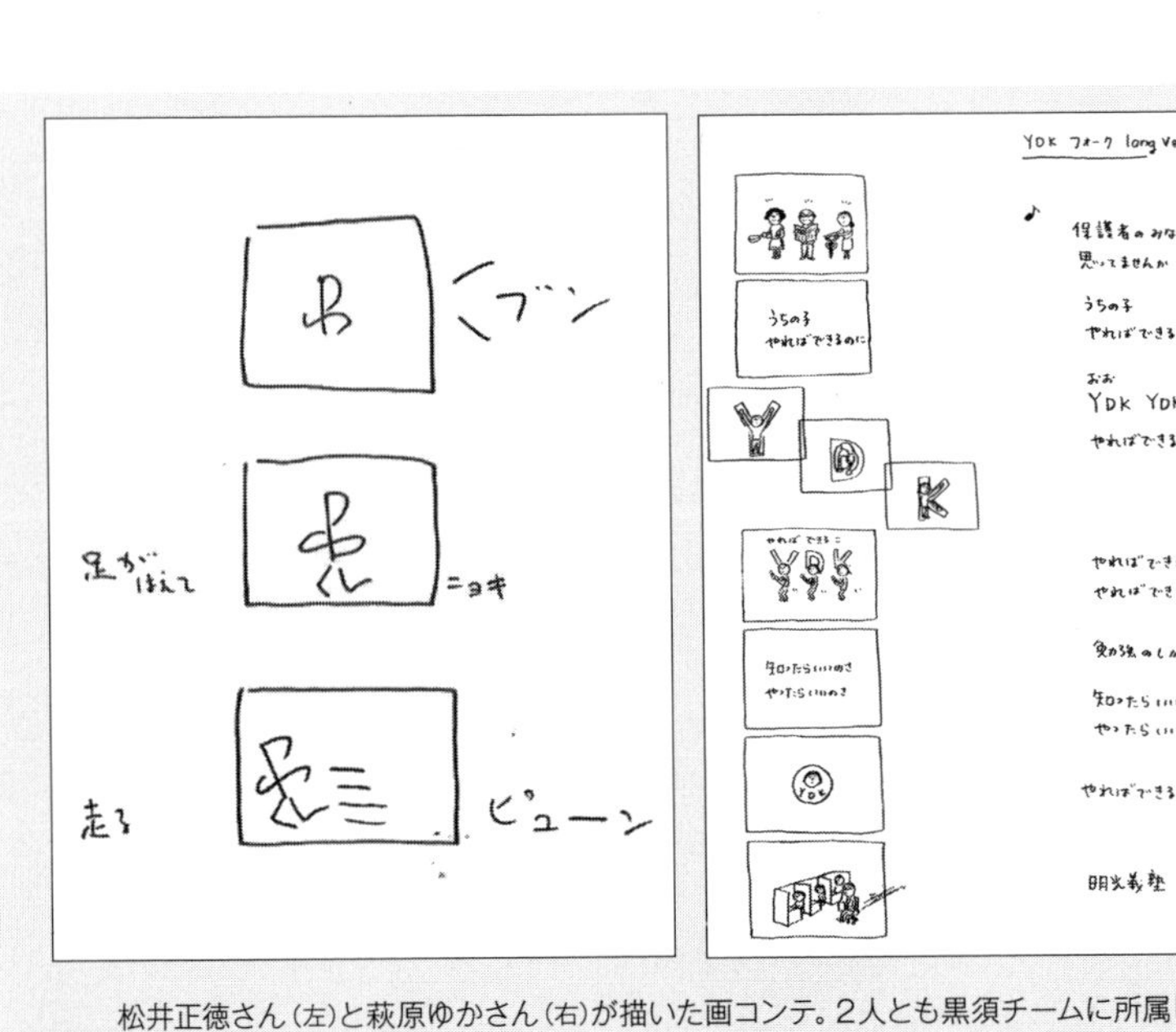

松井正徳さん（左）と萩原ゆかさん（右）が描いた画コンテ。2人とも黒須チームに所属していた。

まいとかヘタとかの次元ではなく、風は線であったり、人は点だったり、動きは一筆描きの流れだったりするのだが、どんな画が撮りたいか、そこでどういう芝居があればいいのかは、カメラマンやスタッフにはピンと伝わったのでしょう。CM演出家から映画監督になった市川準[4]さんの画コンテも味があったな。線画でサラサラと、淡泊な画でした。ヒトの顔には目が2つの点で描かれ、鼻とか口はほとんど描かないのだけれど、気持ちや表情は伝わってくるのだ。

CMプランナーは、いまや希少種

海外の広告賞に応募しようとすると、ハタと困ることがある。「CMプランナー」という職種の記入欄がないのだ。「Copy Writer」と「Art Director」と「Creative Director」しか記入欄がない。CMはコピーライターが、アートディレクターやCMディレクターとタッグを組んで企画コンテにするらしい。それをCDがチョイスするという仕組みだという。海外賞のパーティなどでCMプランナーという肩書きの名刺を出すと「なにをするヒトなの?」とか英語で聞かれ、さらに困る。

韓国焼酎「JINRO」のCMで鮮烈なデビューをして数年後に海外に渡った川村真司君（現在、Whateverのチーフクリエイティブオフィサー）も、『アドタイ』（2010年12月11日掲載）のインタビューで「日本での経験ですごく役立っているのが絵やコンテを書く技術です。これは博報堂時代にCMプランナーをや

4 映画監督としても知られるCMディレクター。コラム「すごい人に出会った5」参照。

って いてしこたま鍛えられた賜物なわけですが、（中略）どうもこっちのクリエーティブはコピーライター&アートディレクターのチームという分業制のせいか、そういう風な思考をしていないようなのです。だからこの映像を絵に起こすスキルは、すごく便利で重宝しています。さらには日本の15秒CM文化というのも、実はアイデアを要約するという意味ではすごくいい訓練になっていたんだなぁとも感じてます」と語っていますが、CMづくりの工程においてはすこぶる有効な装置なんですね。CMプランナーって、すごい発明だと思う。

ただし、その制作工程は、いろいろですね。CMプランナーひとりが最初から最後まで一気通貫で突き進むこともあれば、コピーやアートアイデアの断片に触発されてCMプランナーがまとめ役となることもある。代理店時代に黒須チームというカタマリで動いていた頃は、ひとつの案件に僕を含めてプランナー（CMを考える人全てのこと）が6〜7人いたりして、企画の掛け算をすることも多かった。みんなで、企画やコトバのメモを出し合って、掛け算したり引き算したりして、一気にコンテにまとめる方式はけっこう有効だった。個人性を主張する人には不満もあったとは思うけれど、複数の企画をたたき台に、さらに、その上に到達する感じは快感もあり、合理的でもあった。

日本独自であろうと、海外で通用しなくとも、CMプランナーという立場の考え方やプロセスは意味があります。クライアントを納得させつつ、世の中をクスッとさせるという二役をこなすなんて、なかなかのもんですよ。

ＣＭをつくる人あれやこれや

ＣＭや映像をつくることに関係する人は、ＣＭプランナー以外にもたくさんいる。ここでは、図で説明してみましょう。この図（P24〜25）は、とあるＣＭ撮影風景を萩原ゆか画伯（ずっと一緒に仕事してる相棒ＣＭプランナーです）が描いたものです。架空の楽しそうなＣＭ撮影現場です。関係する人はホントはほかにもたくさんいるのですが、とりあえず撮影現場にいる人に限って説明します。

僕らしき人と萩原らしき人もいます。まんなかの⑯⑰ですね。白髪メガネとポニーテールの２人。みんなが忙しそうに働いているときに、こんな風にして、遊んでいるようにも見えますが、悠然とした態度が大切なのがクリエイティブディレクターというものです。それはともかく、上段左からいきましょう。

上段左上、撮影現場の隅の方から

⑴ドライバー：撮影中は休息して、撮影終了後の安全運転での送迎に備える。
⑵制作部：荷物を運んだり、あらゆる発生案件に対応する現場で一番忙しい人たち。
⑶照明部：ライティングスタッフ。レフ板を持ったり、クレーンの上でのライト操作も。
⑷録音部：肉声や街ノイズの収録。ブーム（棒）先の指向性マイクや胸元ピンマイクなどの調整。
⑸ヘアメイク：カメラ写りを考慮しての化粧やヘアスタイルの調整。ヘアとメイクが別々の場合も。
⑹タレント：ＣＭの主役。複数の場合それぞれにスタイリストとヘアメイクが対応する。

⑦制作部：カチンコを鳴らすには2、3年の経験が必要と言われている。

⑧カメラマン：撮影監督。チーフやセカンドなどの助手や照明部がサポートする。

⑨照明部：光を和らげるスクリーンや紗幕も扱う。規模によっては10人を超えることも。

⑩美術：セットプランから大道具小道具の配置まで。多くはチームで行われる。

⑪特機：クレーンや移動車などを動かす仕事。撮影部や照明部との連携も重要。

⑫シズル：ビールや食品などの撮影での専門職。ビールの泡を撮影直前に配置する技も。

⑬美術：撮影によっては、撮影中も色の補正や修理などの作業が行われている。

中段左から、

⑭子役エキストラ：劇団に所属している場合もあれば、全くの素人のことも。

⑮制作部：映像制作の現場を進行する。中でも、エキストラの方々をまとめるのは大変。特に子どもの場合は神経を使う。

⑯クリエイティブディレクター（ＣＤ）：全体を俯瞰する意味で現場編集機の近くにいたりする。

⑰ＣＭプランナー：セリフや収録画面の詳細をチェックするので編集機か監督の近くにいる。

⑱編集マン：同録撮影では現場に簡易編集機を持ち込むことも多く、粗編集をその場で確認。

⑲タレント事務所：所属するタレントの映り方や処遇に対しての確認に来られています。

⑳美術：この画ではでき上がった作り物の小道具を配っています。制作部と共に現場で忙しい方々。

㉑プロデューサー：制作プロダクションにおける責任者で、お金やスケジュールやもろもろの案件が交錯して大変そう。

㉒スクリプター：主に制作部の仕事ですが、撮影のテイク、セリフの差など詳細を記録します。

㉓監督（演出家）：映画監督が映画づくりのトップであると同様の意味でCMづくりの中心核。

㉔録音部：録音機側ではミキサーが操作する。収録する全ての音の確認と管理をしている。

㉕制作部：アシスタントプロデューサーという職種には、本当に多彩な業務が課せられる。

㉖スタイリスト：最近ではタレントサイドからの指名も多いが、演出家の意向を反映する。

㉗撮影部：ロケの場合は照明部との連携で、天候判断や光量やレンズ判断を強いられる。

下段左から

㉘クライアント：商品まわりや同録の撮影では時に、色、シズル、商品名などチェック項目も多い。

㉙代理店営業：クライアント対応でモニターチェックに随伴。「心配ないすよ」が口癖。

㉚制作部：そこかしこに配置される。ケータリングやクライアントの立会環境チェックも重要。

㉛代理店デザイナー：CM撮影でもグラフィックとの相関やキービジュアルの確認で立ち会うことも。

㉜ケータリング：スタッフのリフレッシュ用にカフェサービスなどがスタジオに入ることも最近は多い。お手すきの人が立ち寄る。

㉝コピーライター：スモーキングエリアには、CM撮影では任務の少ないコピーライターが多いような気がする。

5 映像と音声を同期させるツール。カチンと「鳴る」と「閉じる」タイミングを合わせる。

05
06
09
12
08
07
10
13
23
11
25
27
26
24
33
34
32

01
03
02
04
22
19
21
14
16
20
15
18
17
31
30
28
29

㉞見物人：基本的には、撮影風景をスマホなどで撮影しないでほしいとスタッフがお願いする。これも大変。

もちろん現場には来ない偉い方とか、撮影前後で活躍する人とか、最近では、オンラインでも撮影には参加できたりしますから、この画に描かれていない人もまだまだたくさんいるわけです。しかし、まあ実に多くの方が関わっていることが、よくわかりますね。

ＣＭができるまで

僕は大学時代、ロック喫茶の運営とかに忙しくて、大学にはたまにしか行ってなかったので、バリバリの理系だと胸を張れるわけではないのだけれど、管理工学というちょっと変わったマネジメント学部的なところにいた。そこで学んだことで唯一覚えているのが、「ＰＥＲＴ(Program Evaluation and Review Technique)」という工程管理の方法だった。「ＡＢＣ３つのパーツから成る機械を組み立てるのに、Ａを完成させてＢに組み込むと同時にＣに装着して完成」という工程の予定表と構成順序とかを考えるのだ。これは実に、ＣＭのスケジューリングに似ている。企画ができなきゃプレゼンできない、タレントがいなきゃ撮影できない、みたいなことが、極めて輻輳(ふくそう)的に絡み合っているのだ。

ＣＭっていうのは、もっとカンタンにできるはずだとも思うのだけれど、いやはやなんとも、時間がかかる。いろいろな思惑が渦巻いていたり、先ほどもあげた関わる人の多さと、それらのスキルが発揮されるタイミングや順序を考えたり、大変だ。あれこれ丁々発止があり、あちこち右往左往する。逆に言うと、それだからこそ面白いというか、達成感があるというか、商品によって、人によって、条件によって、すべてが大きく変わるのだから。

こうしたCMのできるまで図表は、JAC（一般社団法人 日本アド・コンテンツ制作協会）がきちんとした要項として作成していたり、故・藤井達朗[6]さんの著書『広告絵本』に収録されている『当世CM双六』が有名ですが、ここにあげた図（P28〜29）は僕が30年ほど前に研修や大学での授業用に、プロジェクト管理におけるPERT図にならって書いたものです。当時のままで、いまとだいぶズレがあるけれど、こんな工程があったということを、知っていただけたらと。

おおまかには、クライアントからのオリエン（商品説明・企画の狙い）に始まり、企画→プレゼン→撮影→編集仕上げ→納品という順になる。近頃のiPhoneなどで制作する映像は、もっとコンパクトでしょうが、撮影→編集→仕上げというプロセスは必要ですよね。CMは、商品のこととか、タレントのこととか、気にする案件がいろいろあるので、超丁寧な段取りになるわけです。

すこし細かく説明をしましょう。P.28〜29の図にナンバリングしてみました。

①オリエン前

これは、まあ準備段階で、スケジュールに入れる必要もないけれど、普段から備蓄しておいた方が

6　博報堂のクリエイティブディレクター。コラム「すごい人に出会った　4」参照。

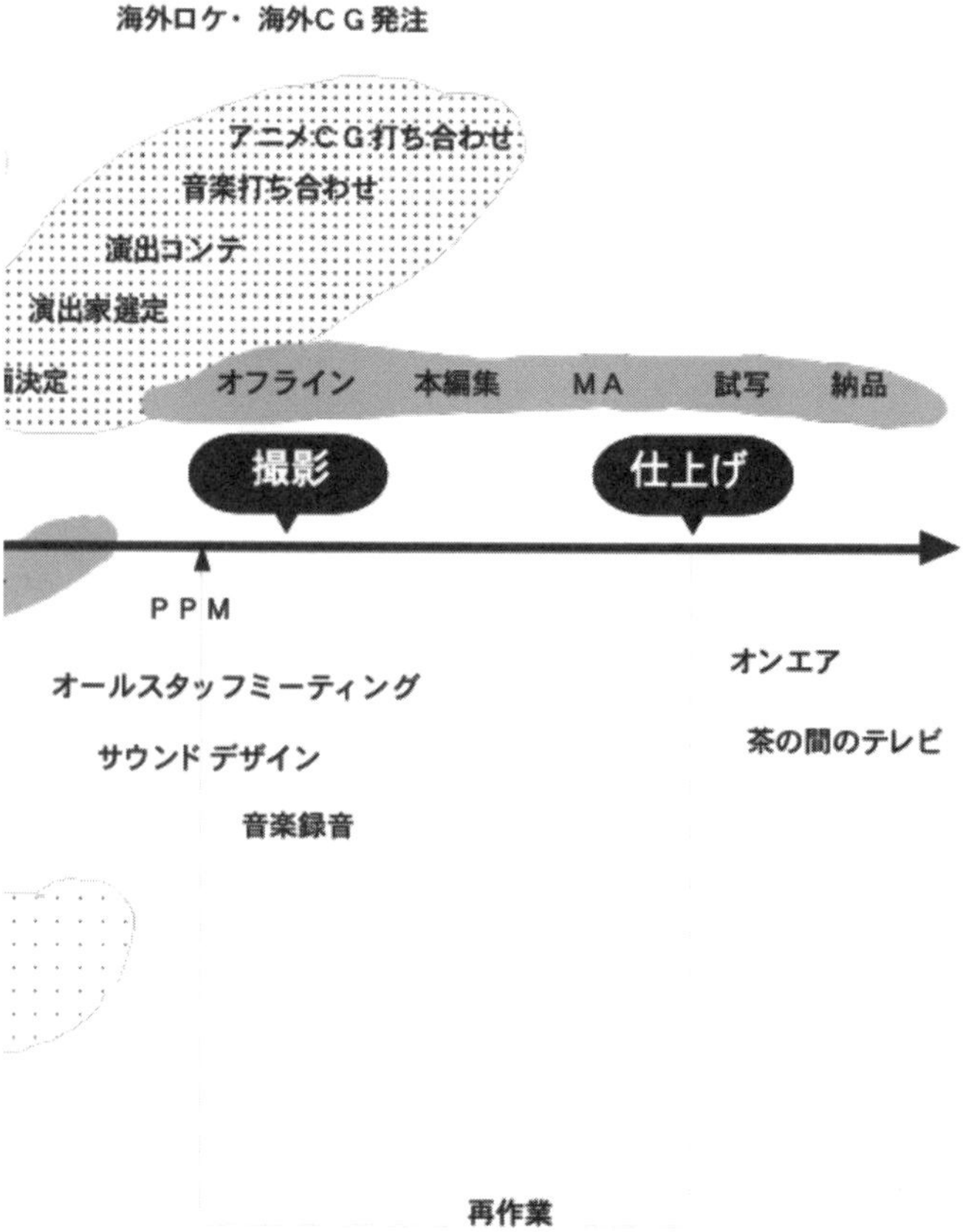

いいよ、ということですね。いろいろと生活経験値を高めておくと、いざ、CM企画時には、その商品に隣接した世界観とか共感世界を引き出せて、極めて有効だよと。ま、自分の多趣味を正当化しようとしてるだけですけどね。

海外ロケ・海外CG発注
アニメCG打ち合わせ
音楽打ち合わせ
演出コンテ
演出家選定
決定
オフライン　本編集　MA　試写　納品
撮影
仕上げ
PPM
オールスタッフミーティング
サウンドデザイン
音楽録音
オンエア
茶の間のテレビ
再作業

参照「藤井達郎広告絵巻」

CMができるまでのプロセス

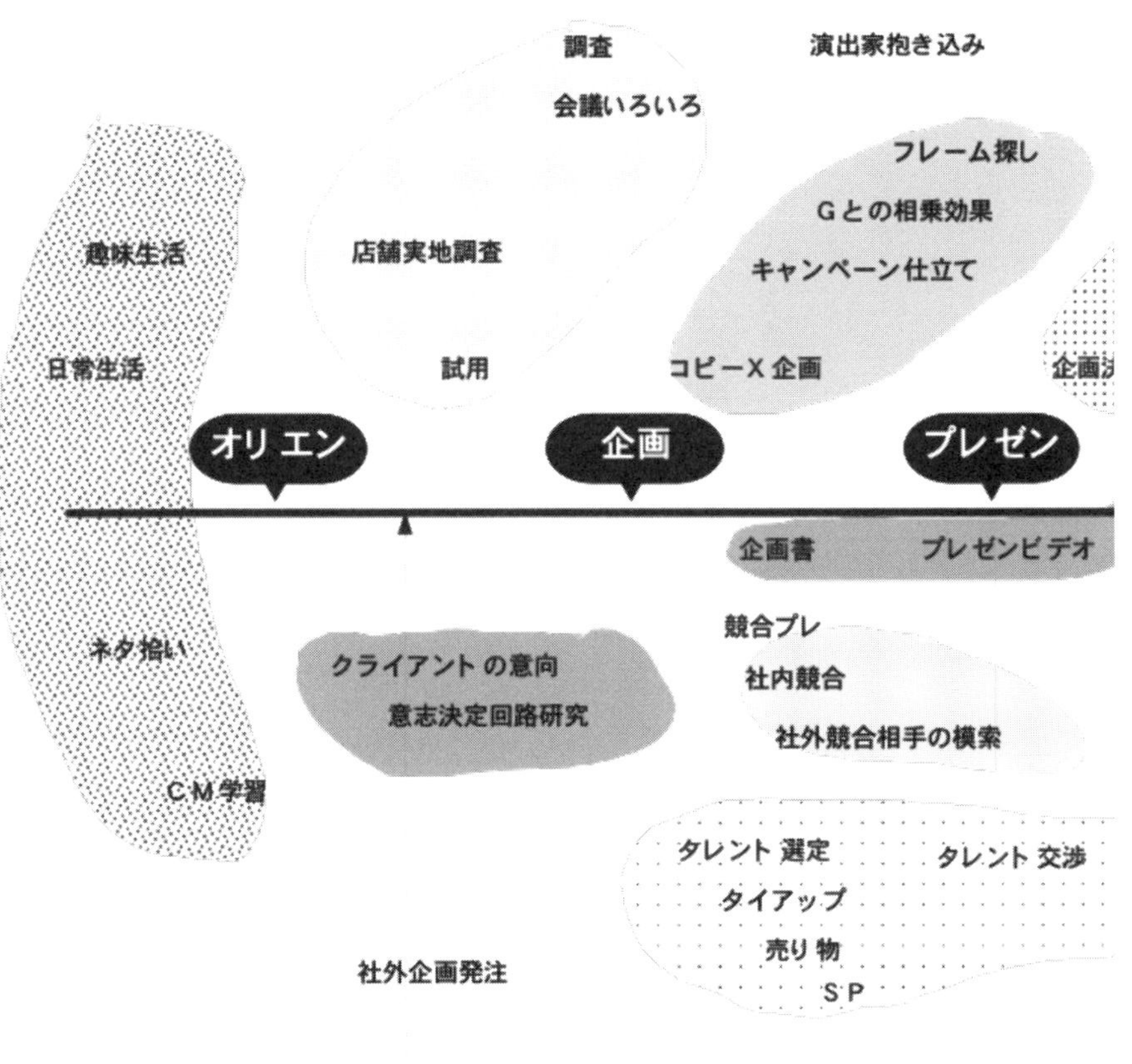

②オリエン

オリエンテーションの略で、企業サイドから、商品の概要、特徴、USP(Unique Selling Proposition)、マーケティング特性などを聴く場ですね。かつて先輩CDの西田制次さんという方は、オリエン時にクライアントに「この商品の欠点はなんですか」とハッキリ聞かなくてはダメだとおっしゃってました。なるほどなと。

③企画会議

これは、CDによって、長かったり短かったり。僕主宰の会議は、みんなで企画の断片を持ち寄って、ぐるっと皆が披露したら、そのコピーをとって、次の参考にして散会する方式、つまりCDはそこで退出する方式だった。ま、CDがずっといても話しにくいかなと気を遣ったというのと、いちはやく飲みに出てしまったという説もある。

④プレゼン前やりくり

これは主に広告代理店営業が暗躍する部分だが、クライアント担当者、タレント事務所、著作権等の法務管理組織、業界ルール考査セクションなどと、下打ち合わせという怪しい響きの作業工程があった。僕らも、プレゼンした企画や手法が大丈夫なのか、勝算があるのか、事前に演出家や音楽プロダクションに打診をしておくこともしばしばあった。

⑤プレゼン

ここがCDの花道という人もいるし、ここに命をかける人もいる。僕は、わりと苦手で、というか理屈の説明は良いのだが、演技や映像の醍醐味などを伝える能力に欠けていたので、コンテ説明は上手な若手に任せるか、Vコンを作成して説明不足を補うようにしていた。それゆえか「黒須のVコン」と定評ができたこともあった。

⑥演出コンテ

決まった企画を撮影に向けて、演出家の手によるシューティングコンテ（撮影コンテ）に定着させるプロセス。ここでCMの質感や成否が決まる、最重要パートとも言える。この様式は演出家（CMディレクター）によってもまちまちだが、多くは演出家の手描きの画コンテで、詳細な演出意図とカメラワークと音像構成が記されていることが多い。これを、クライアントに説明するのもCDの役割でもある。

⑦撮影

ロケかスタジオか、撮影規模と期間も重要。コマ撮りやセル画撮影のような小規模から、移動車、クレーン、空撮、雨降らしといった大掛かりなものまで。そして、タレントの芝居がある同録ものや、最近ではブルーバックなどを使った合成用撮影もすこぶる多い。CG相手に芝居をする役者さんはほんとにすごいなと。ま、プロデューサー的にはこの撮影の予測や設計が最重要なのかもしれない。予算の面で。

⑧オフライン編集

本編前の予備編集で、いろいろな試行錯誤を繰り返す。基本は演出家の作業だが、それをチェックする僕らプランナー的にも最重要プロセス。ここでコンテ通りのものから、冒険的なトライアル、セリフ違い、演技違いなどいろいろなパターンをためしたいところだ。それに協力的な演出家もいるし、頑固に１パターンを押し通す人もいる。

⑨現場アビッド（撮影現場オフライン編集）

最近ビデオ編集機を現場に持ち込んで、撮ったそばからオフライン編集（本編集前の予備編集）するケースが増えている。タレントの同録ものはコトバが秒数に収まるかどうかの検証も重要。

⑩本編ＭＡ（Multi Audio）

放送仕様の画質音質での編集と、画と音を合わせる作業で、ＣＭが完成する局面である。ＣＧや合成モノは途中でチェックはするが、ここではじめて完成形となる。予備編集でうまくいっている場合には、意外と短時間で終わることもある。嬉しい瞬間でもある。

⑪放映

ＣＭの場合はテレビ局に納品で、デジタルメディアはサイトにエンコードしたりする。ＣＭの地上波出稿はもちろんテレビで確認できるが、ターゲティングされたYouTubeなどのデジタル出稿は、つくった本人が観る機会がないことも多い。

情報伝達、ということ

いろいろな学校や研修で、広告のことやCMのことについて喋ってきたけれど、最初に説明するのが、次ページの図だ。広告コミュニケーションの概念図ってやつですかね。左に、その広告づくりの対象となる「商品」とか「企業」「ブランド」といったもの、つまり「広告主体」を置く。右にはいわゆる、消費者とかエンドユーザーを置く。

左から右への流れがあるけれど、その広告主体が持つ、固有の情報やイメージなどを、メディアを通して、色づけしたり、簡素化したり、強化したり、つまりは「企画」して、「お茶の間（視聴者）」にお伝えする、というのが基本構造式。冴えない情報はキリッとさせ、古びたイメージはおしゃれにし、ダジャレを言って名前を覚えてもらったり、あれこれ狙いを持って手を加えることを、「企画」と呼んだ。その「企画」やり口の手練手管を、この本では解説しようと思うわけです。

そうそう、この「お茶の間」という言い方は編集の方から、もはや死語に近いので別のコトバに置き換えた方が…と言われましたが、ほぼ「視聴者」という意味で使ってます。その昔、テレビは家庭の中心の「茶の間」に置かれていて、家族の団らんに楽しまれるモノだったので、テレビを観る状態のことを便宜的にこう呼んでいたのですね。ま、「視聴者」に置き換えて理解してください。

その「お茶の間」、つまり「視聴者」は、必ずしもテレビとかのメディアを常に注視しているわけではない。みんなテレビをつけた状態で、ご飯食べたり雑談したりツメを切ったりしてるわけで、テレビに目を向けたとしても関心があるのは番組の方で、CMにはとりあえず無関心というのが、当時の

ＣＭ視聴状況でした。そこで、こっちを向かせる努力や工夫が必要になってくるわけですね。その辺のところで重要なのが、この先でご説明するＡＩＤＭＡ（アイドマ）＝消費者行動モデルという分析パターンなのです。「ＡＩＤＭＡ」は５つのアルファベットの略号ですが、特に最初の２つ、Ａ＝ＡＴＴＥＮＴＩＯＮとＩ＝ＩＮＴＥＲＥＳＴの部分が、気づかせて→興味を持たせる「引力」として、テレビＣＭでは大事な要素だということです。

❸映像技術革新・
伝達技術革新

【茶の間・ココロ】

❹茶の間（視聴者）の変化と不変

コミュニケーションの概念

❶時代商品と普通商品

❷メディアの拡散と変質

【モノ・企画・ブランド】

【メディア・街】

❺流通経路革命

Ｐ34の図の丸数字についても、解説をしておきましょう。この図を書いた１９９０年代の状況と、いまとはすこし違う部分もありますが、広告コミュニケーションの主なところはそれほど変わっていないと思うので、５つの要素を説明しておきます。

1　時代商品と普遍商品

商品には大きく2通りある。新世代ゲーム機や、ポケベル、コンビニ、機能性ビールなど、その時代のニーズが生み出した新価値を持つ「時代商品」と、味噌・醤油、シャンプー、大衆車など、基本価値を変えずに、そのブランド力、老舗力などの普遍性を武器に、その刷新やリバイタライズをテーマに持つ「普遍商品」だ。すくなくとも着眼点は違う。

2　メディアの拡散と変質

メディアの変化はめまぐるしい。フィルムからビデオに、そしてデジタルに。パブリックからパーソナルに。かつての花形は据え置きテレビで、いまや、それは明らかにスマホだ。インターネットの登場は、コミュニケーションの方向性や主従関係すら、根底から変えてしまった。エラいこっちゃ。この図を描いたときは、テレビ・ラジオ・雑誌・新聞の不動のマス4媒体のチカラ関係は、かなり変化し始めており、テレビの一人勝ち（一強三弱）状態がしばらく続いていたのだが、それ以降、ネットやデジタルメディアを中心とした、激しい拡散と変質の時代に突入している。そこには、それまで培ってきた広告のスキルや経験値は変わらない部分と、新たに開拓しなくてはならない部分と両方がある。ふー、大変だな、ついていくの。

3 映像技術革新・伝達技術革新

CMが、かつてCF（コマーシャルフィルム）と呼ばれていた頃、90年代の広告業界では、フィルムでの合成やビデオ変換技術のことが中心話題だった。理系出身だった僕は、海外で始まりつつあったデジタル映像技術の息吹を学習せよと指令を受け、コンピュータグラフィックスの学会「SIGGRAPH」や、テクノロジー・エンターテインメント・デザインの融合というテーマで始まった「TED」第1回を視察に行ったりした。チンプンカンプンでありつつも、なにやら「デジタル合成」という想像もつかない技法があるとか、「モーションキャプチャー」という人の動きをデータ化してPC上で再現する技術だとか、すごいことが起こっていると肌で感じることはできた。そこからさらに30年、映像技術はすさまじい勢いで進化し続けている。画質は高精細解像を極め、ドローンなど視点はさらに自在に、合成やCGはリアルと紙一重だ。それらをすべて把握して理解することはできないが、できるだけフォローしようと思う。技術は知らないより知っていた方が「企画」は深まるはずだから。

4 お茶の間（消費者）の変化と不変

これはCM情報の届け先、消費者側の変化の話だ。消費者インサイトという言い方が当たり前化して、人々の「ココロの中」や「行動の様子」の顧客情報が晒されているわけだが、ターゲティングというやり方などで、そこに的確に広告を当てるようになっている。そうしたピンポイントで当てられた必欲情報が有効なことも多いだろうが、昔から変わらぬ共感表現が効いたりすることも、けっこうある。2023年現在も続いている「帰れば、金麦」（サントリー／金麦）というキャンペーンは、普遍的な家飲みビールの嬉しさを伝えて、消費者の共感を集めているようで好評だ。この仕事では変わらないモノもあると、実感した。

５　流通経路革命

ここもすごい、流通システムの革命を起こしたアマゾンが映像分野でも革命を起こしているけれど、いわゆるマス広告を経由しない、商品購入が当たり前化しているのだ。いらないじゃんＣＭ、とまでは言わないけれど、その役割が大きく変わってはいくのだろう。だからこそ、これまでのやり口を整理して、学習しておくのは意味があると、思うわけだ。

ＡＩＤＭＡは古くない。むしろデジタルメディアが錯綜する現代でも超有効かも

ここで、ＡＩＤＭＡ（アイドマ）という、近頃とんと聞かないマーケティング用語に注目してみよう。これはテレビが普及し始めた60年代に提唱された消費者行動様式で、「注目(Attention)」→「興味(Interest)」→「欲求(Desire)」→「記憶(Memory)」→「購買(Action)」という消費者の行動や心象の流れを規定している。１９７５年の新人研修時に繰り返し聞かされた言葉だ。当時博報堂のクリエイティブ顧問をなさっていたチャールズ・ヤン教授(『広告の科学』の著者)の発音はＡにアクセントを置いた独特な言い回しで「コレ大切」と熱弁されていた。

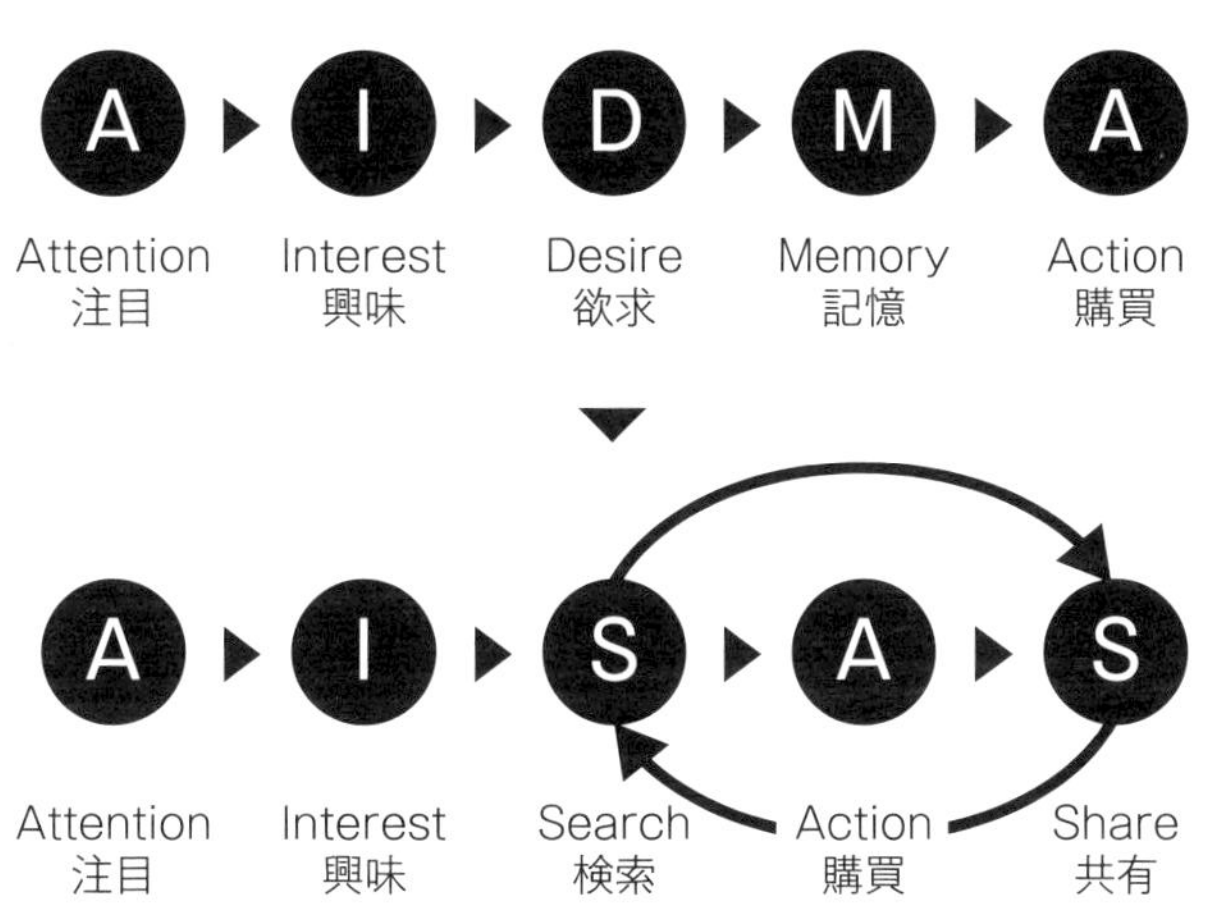

学習した当初は、さほど意味もわからなかったが、実際にテレビで情報を茶の間に届けようとしたときに納得した。その当時、テレビのある部屋は「お茶の間」と定義されていて、僕は、その「茶の間」を「コタツでせんべいを食べている状態」と解釈した。テレビをつけていても、人はテレビの内容よりもせんべいの味の方に気持ちがいっているかもしれない。そのテレビやＣＭの方に向いてない気持ちを「ハッとさせて」「引き寄せる」必要があるわけだ。なるほどなるほど。確かに最初の２つATTENTIONとINTERESTとは、特に意味あるぞと理解した。「注目」させて「興味」を惹く、つまり、せんべいをかじりながらも「おや?」「おいらが好きな感じじゃん」と興味を抱かせるプロセスだ。すごく重要だ。家庭用ゲーム機「プレイステーション」のＣＭで言えば、冒頭にＢＩ（ブランド・アイデンティティ）が登場するときの♪～ブン

という音だったり、かつての「金麦」のCMなら、檀れいさんのカメラ目線だったり、CMの音や映像インパクトや共感深度が引く力だ。

これは、デジタル時代の

「AISAS」（Attention：注目→Interest：興味→Search：検索→Action：購買→Share：情報共有）

でも、前半の2項目は同じだ。ネットでもどこでも引力は必要なのだ。

そして次の「欲求」というパート。AISAS以降ここは割愛されてしまっているが、この欲求喚起は、映像やイメージが最も得意とするところかもしれない。「うまそう！」とか「かっこいい！」の直接的喚起もあるが、もっと深く……じわじわとイメージを蓄積していくブランド広告もある。映画監督としても知られるミシェル・ゴンドリーの名作CM、エールフランス「Le Nuage（雲）」（エールフランス機の静かな飛行を伝えるイメージCM。後述）のように、なにも語らず、最後にブランドロゴを静かに置くだけの、ひたすらブランドイメージの醸成に特化したCMも欧米では人気のようだ。欲求を喚起するのは難しいことだけれども、やりがいもあるし、ここは映像ががんばりたいところだ。

あとの「記憶」「行動（購買）」は、間違わなければいい、という程度にしておこう。商品名を連呼したりする方法もあるが、そんなことより、とりあえず、この先ますます情報やイメージが交錯していくわけで、そこでこっちを向かせる「AIDMA」のココロは、大切にしたい。

メディアといってもいろいろ

この本は広告中心に話をしていますから、メディアというのは、広告媒体という意味になります。広告、あるいは広告的な情報が、みなさんに伝わる経路や媒介物のことです。

基本的に広告の仕組みとしては、人々の気持ちや眼差しが向く方向に、広告媒体はぬけめなく張り巡らされています。テレビを観ればCMが挿入され、本を開けば広告しおりがハラリと落ち、タクシーに乗れば性別を判断しての情報が流れ、ネットでは視界の直近にバナーが登場し、電車に乗れば吊り革にもそのまた奥のモニターにも広告文言が、スマホでゲームをしようものなら似たようなゲームの告知が幾重にも止めどなく続くといった、環境でしょうか。

例えば、P.43の図の1くつろぎの空間ですね。久しぶりに実家に帰省して、好きだったお菓子を食べながら、テレビもつけながら、週刊誌とか読んじゃっているような状況です。ここにもこれだけの広告メディアがあります。P.44の図の2では、ちょっと外に出てバス停でバスを待つ、の図。屋外広告(OOH)があれこれありますね。P.47の図3のように電車の中や駅はさらに計画的な広告が配置されています。それらのワードを説明しますね。

1　4媒体(テレビ・ラジオ・新聞・雑誌)

かつて昭和の頃まで、広告業界ではメディアというとテレビ、ラジオ、新聞、雑誌という4媒体のことでした。これらは、最大最強の広告メディアで4大メディアとも言われ、広告業界の主戦場でした。広告代理店の事業部も新聞局やラジオ局などメディア別に設置され、クリエイティブも、グラフィック系と電波系というメディア種別の組み分けだったのだ。ま、簡単に説明しておきましょう。

・テレビ

僕の少年時代、昭和30年代前半、テレビはモノクロでした。そしてカラーに、デジタルに、薄型に、４Ｋ・８Ｋと解像度は倍々ゲームで向上しています。平成では32インチが標準で、現在は50インチ以上が家庭のリビング用標準ですかね。民放の広告枠はスポット広告と番組提供広告にわかれ、現在スポットは15秒が主体。番組提供では30秒や、特番などでは60秒ＣＭなどもあったり。昭和30年代初期は、５秒スポットという切り売りもあったようです。

・ラジオ

平成にはじり貧メディアで、消失のうわさすらあったが、音だけのシンプル構造ゆえのながら聴取や深夜枠、アプリ「radiko」の台頭で、徐々に復活しているとも言われている。ＣＭも音で想像させたり、ライブな生コマ的訴求も復活したり、独自のラジオＣＭ文化が展開されつつある。

・新聞

デジタル送稿により驚異的な復活も。午前1時に終了したサッカーワールドカップドイツ戦の結果が、午前4時に配られていたのには驚いた。すごい。広告的な求心力は低下しているが、とはいえ、やはり新聞15段での意思表示は潔く立派な気がする。ネット系情報の危うさと対比しての信頼性も高そうな気がしている。

1. くつろぎの空間

・雑誌

かつてはターゲットセグメントが明快ということで人気のあった雑誌広告ですが、その役割はネット広告が担うようになっています。という広告的には苦しい環境の雑誌業態かと思われますが、その独自価値をますます高めている雑誌も多く、趣味嗜好の深掘り雑誌は健在でネットとの共存施策が盛んで、頑張ってほしいところだと思います。

かつての4媒体も変質しながら、それぞれ進化しているようですが、なにより、そこで培った表現手法ややり口は、次の媒体でも大いに参考になるところだと思います、それがあっての、この本なんだと、思います。

広く告げるのが広告ですから、多くの人々に同時に伝達できる、ということはメディアにとって重要なポイントです。古今東西、掲示板や旗による情報伝達は広告の元祖ですね。

2. 屋外メディア

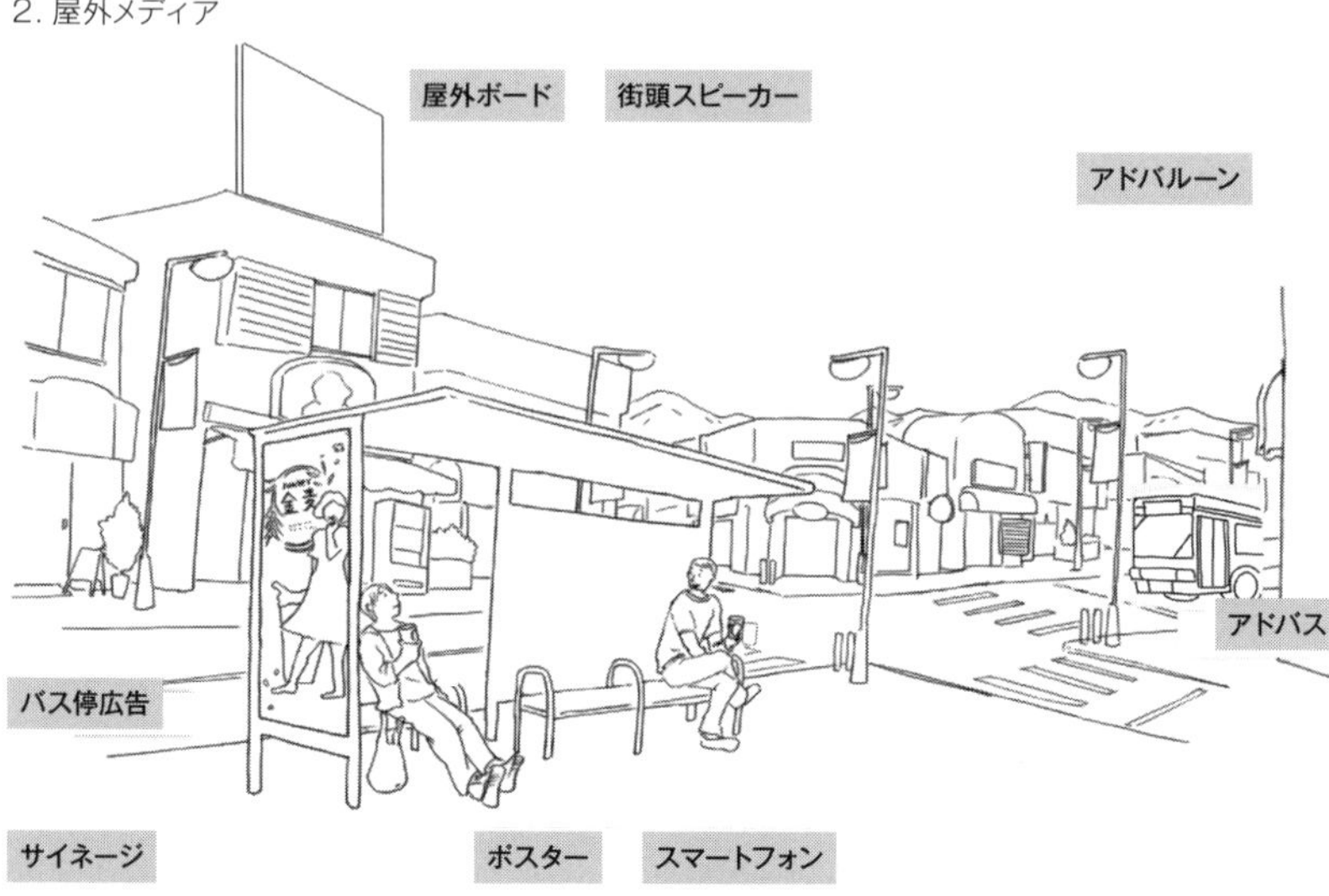

僕は、あの「のぼり」を思いついた人はすごいと思う。風林火山とかバイキングの旗のやつね。なにしろコスパがいい。風という自然の力を活用して、メッセージやシンボルをたなびかせるんですから、目立つし意識は集中するし。印刷や電波の登場以前の王道ですね。

その屋外広告がデジタルの力を借りて近頃、活発になってきています。デジタルサイネージや東日本旅客鉄道トレインチャンネルなど、OOH（Out Of Home）＝家庭の外におけるメディアというくくり方で注目されています。コロナ禍で家に閉じこもり気味だった人々の気持ちに、うまいことフィットしたのでしょう。

2　OOH（Out Of Home）

街角も、広告には都合良い場だ。看板やアドバルーンとか、人の目は自由に回遊している。映画『ブレードランナー』では酸性雨の未来都市の街角での「強力わかもと」のギラギラしたCM映像[7]が印象的でした。あれだけダークな世界観なのに広告がしっかり流れる未来もすさまじいけど、いかにもアジアの場末的な街並みでしたね。ヨーロッパの街とアジアの街並みを比べると、どこか違う。アジアが混沌としているのは、きっと広告看板などの乱立があるからでしょう。ほぼ無制限に看板や垂れ幕やモニターが空間に存在している。ヨーロッパは、屋外広告規制があるから店名などの掲示にとどめられているんですね。アジアは、広告天国か。しかし結局、我先にと目立とう、隙間を埋めようとするから、相対的には目立たなくもなり、ガチャガチャした風景になるわけですね。

・シティボード

いわゆる屋外看板、OOHの代表的なものだ。交差点など衆目が集まりやすい場所の掲出が多いが、逆に野立て看板のような周囲との景色との相対感で目立つのも効果的だ。高速道路に沿って連続掲出することも一時、流行った。

図3の、交通系の広告の掲出場所をまとめてみましょう。通勤通学などで駅に向かう人、電車バスに乗る人の動線上に置かれるもの。静止画のみならず、近頃は動くものも多い。

7　映画『ブレードランナー』の冒頭、ビルに投影された胃腸薬「強力わかもと」のCM。薬を飲む芸者ガールが誰かと話題に。

3　交通広告

・駅貼りポスター

駅は人が集まる。動いているばかりではなく、待ち時間に立ち止まることも多い。駅構内のポスターやプラットホーム対面の大型ポスターとか、効果的だ。視認性も高い。距離感もほどよい。路線や駅によって、ターゲットを絞ることもできるし、滞留時間も長い。長めのボディコピーも、読んでもらえる。恵比寿駅のホームで電車に乗り遅れた女子高生が、向かい側の「ルミネ」のポスターを、食い入るようにじーっと観ていたのは印象的でした。

・中吊り広告

主に電車の進行方向に垂直に掲出。1週間くらいの短期出稿だが、注目率は高い。2面続きのワイドが変わらず人気だ。旬の情報性があるので、CMスポットとの連動ものが多い。

・額面（窓上）広告

進行方向に平行な側面や上面での掲出。座席の上部、丸みのある壁面となる窓上は比較的長期出稿で、吊り革につかまって読む人たち相手の長文コピーも多い。金麦もここによく出稿していた。

・車内ビジョン・車内デンタルサイネージ

ドア・ドア横スペースの動画モニター。車内設置なので、音声は出ない。18時以前の昼間時間帯は酒類の広告は静止画のみ。字幕や静止画バージョンなど、手間はかかる。

・3連トレインチャンネル

東日本旅客鉄道の山手線新型車輛などは、額面のスペースに動画モニターを3枚並べている。いわゆるマルチスクリーン的に3枚のモニターを連動させた演出効果も可能で、企画側は燃えた。ただ、

3.交通系メディア

やはり音がないことで、メリハリは薄く、最近すこし落ち着いたかも。

・吊り革広告

古典的メディアだが、最近、すこし大判で復活。好感度は高い。ほぼコピ1行分のスペースだが、記憶には残りやすい。

・ドア上ステッカー／ドアガラス面ステッカー

ドア上は乗り降りする際にいちいち目に入るということで、人気はある。プレイステーションも、一時期、その週の売れ筋ソフト名を掲出していた。「あ、今週は、このソフトか」という反応。ドア窓に直接貼るステッカーは、車窓の風景を背景にするところが贅沢。小さいスペースだが人気。

・駅デジタルサイネージ

モニターが液晶やら超薄型になって可能になった、壁掛け型街頭モニター。コンコースの柱に連続して設置されており、新宿や品川のターミナル駅では100メートルを超えるものまである。動画による連貼り効果とか、マルチスクリーン的演出などができる多彩で注目率の高いメディアだ。

・シティスケープ®

近頃のハコ型バス停に設置された媒体。タテ型が多い。バスを待つ間にじっくり読むこともあるし、バスの車内からチラッと眺めることもある。滞留も一瞬も、両方の情報接触が期待できるメディア。ラグジュアリーブランドの出稿もあるが、電車よりもさらに最寄り感のある暮らしに近い情報が多い気がする。

・タクシー動画

乗客の目線に置かれたモニターはトレインチャネルよりも直接的だ。性別や年代判定もしているようで、ターゲットセグメントができるのは効果テキメンだが、情報質がやや低下している気がする。

と、まあ、僕が関与したことのあるさまざまな広告メディアについて説明してきましたけれど、基本的には広告的なメッセージと、静止画にしろ動画にしろ映像とが絡んで、注目（アテンション）させ興味（インタレスト）を惹く装置ですね。その意味では、いまや今日的な広告&マーケティングの最重要装置となっている「スマホ」についても、触れておきましょう。

4　スマートフォン

その昔、90年代にMITメディアラボの創設者であるニコラス・ネグロポンテ教授らが予言というか予見した、家に居ながらにして世界の全てと関係できる「world view monitor」の構想が手のひらサイズで現実化したものとも言える。テレビもパソコンもＦＡＸもゲームも会話もアートも音楽も、あらゆる機能と情報活動が集約しちゃうんですからね、すごい。とりあえず映像があって、音がシンクロするから、旧メディア文脈にも通じるわけで、そこで培ってきた方法や文法はスマホでの広告コミュニケーションでも十分活用できるのかなと。ただ、画面は高精細だけど小さいし、スピーカーはオフにされていることも多いので、多少のチューニングは必要ですかね。この先の推移を見守りましょう。

広告は目立つために、機能するために、のどかな日常に異物感を差し込むことがある。ここは、程度問題というか、センスの問題というか、すごく難しいところだな。品があってほしいとは思う。「あら、そんなところに広告が！かわいいわね」的な好感で迎えられるか、「そこまでゲスにやるのか広告よ、おまえは」とあきれられるかのどちらかです。後者にならないように、努力をするわけですね。メディアは「おだやか」で「ほのぼの」してて「悪意がない」ことが、大切です。「派手」なことや「強い」ことも場合によっては必要ですが、「カッコイイ」とか「たのもしい」とかの好感に結びついてほしいですね。Ｗｅｂの時代になっても。

コラム　ぼくのCM人生

①　CM業界に入るまで

確かに、ひと昔前の宣伝会議や広告学校の授業を受けに来る方でしたら、黒須の名前は、みなさん知っていたでしょうけど。近頃は、そうもいかない。しかも、広告への興味を経由しないで、映像や編集への興味のある方だと、広告界でのポジショニングなども、どうでもよいかと思うので。さらっと、歴史というか、生まれてからの、話をしとこうかなと。

東京生まれです。広尾の日本赤十字社産院で1952年8月に誕生。戦後の復興期ですね。杉並区永福町で幼少時代、そこから父親の転勤で仙台へ。立町と琵琶首の2つの社宅住まい。広瀬川での巨大ウナギ捕獲で河北新報に載ったことも。YMCA青葉幼稚園の1年保育のあと、立町小学校に。その間に東北弁をすこし習得。2年の1学期まで通って、再び父の転勤で、杉並の浜田山へ。調布に家が建つまでの間、エレベーターのないアパートの4階住まい。浜田山小学校では東北なまりのせいか若干イジメられた記憶もあったけど、早々と転校できて、ああよかった。調布市仙川町にある桐朋小という女子校付属の小学校へ。ここは、なんか好きだったな。中高生のお姉さんであふれていたし、東組と西組というモダンな編成で、平屋のテラス造りの校舎で、相撲場まであったし。そんな自由環境で駆けっこや跳箱も得意。制服姿もなかなかで、人生最高比率の足長でしたのよ。で、そこから、国立にある桐朋の男子校に進み、中学時代はほぼ学年2番という成績で。得意科目は幾何と地理。常に1番だった山之内くん（同じ桐朋小出身）と名門陸上部に引っ張られ、霞ヶ丘リレーカーニバルという陸上競技大会なんかにも出走したりで、文武両道的優等生ではあった。その後、高校紛争で環境は激変するも、文芸部・美術部・バンド活動・デート活動等々、四方八方に興味は分散し、地元国立でママス&パパスのファンクラブをつくったが、なんとレコード会社の正式なファンクラブから文句を言われ解散したという、情けない日々も。そのころ母親が何度も入院手術したり、女の子にフラれまくったりで、受験なんてなあ。とか意気消沈しつつも、かろうじて、慶應工学部にひっかかり、日吉の矢上キャンパスで白衣実習だけには出席する日々。同時に、吉祥寺でバイトしていたジャズ喫茶を昼間借りて、友人3人とロック喫茶を経営。利益は全てレコード購入に、生活資金は別のバイトでという生活。しかも提供していたレコード名盤50枚ほどを仲間に盗まれ売却されちゃう事件もあって、あえなく解散。

なんかなあ、と思っていたら、親父が「おまえは、絵とか描くし、音楽や文学も好きだから、理系だけどCMとか向いてるんじゃないか」という根拠のない推論で推薦してくれた博報堂になんとか合格。理系クリエイティブのハシリというか体育会系文学青年みたいな妙な立ち位置が功を奏してか、珍しかったのか、わりと、うまいこと離陸。以後48年間CM畑に。

つづく

基本編❷

発想の基本は、やり口の発見・分析

広告コミュニケーションのことを、ラブレターに例える人がいます。好きな人（ターゲット）の心をつかむ文章（広告）を綴る、というやつだ。あの例え、どうにも好きじゃない。そんな必死なものじゃないのに、もっとクールにやりたいのにね。でも、一理あるとしたら、伝えたい気持ちがあるということだ。日記じゃない。伝わらないといかん、という線引きはある。

広告コミュニケーションのことを、戦争に例える人もいる。あれは、もっと嫌だな。それを唱える人は「戦略性」ということに惹かれているんだと思う。悲観的に市場＝戦況を見すえて、そこに対するアイデア＝武器を投入するということか。ただ、作戦を練るという一点においては、図式的には近いかもしれないけど、広告は人を殺したりすることじゃない。

広告という作戦を練るには、キッカケが要る。好きな人がいるとか、やっつけたい相手がいるとか、目標とか目的は、たしかに欲しい。そして、無条件な広告なんてないから、なんらか条件も欲しい。そこにしばられて編み出す「やり口」を見つけ出すことが、最大のテーマだ。達成感だ。

僕のやり口　なんとなく図式的に。

TUGBOATの多田琢君[8]が雑誌で「黒須さんのやり口」という表現をしてくれたことがある。あ、この人よくわかってんな、と思った。研究もしてくれてるわけだし、嬉しかったな。90年代当時、みんなそれぞれにCMのつくり方や、商品への落とし方を学習したり開発していたが、「手法」とか「TIPS」とか「仕組み」とかいろいろあるけど、「やり口」という言い方はしっくりくる。一般的には「ケチなやり口」「悪辣なやり口」「あいつのやり口で人間性がわかる」とか、あまりいい表現では使われないのだが、多分、すこしばかり「知恵」を感じるからだろう。巧みに計算されたオリジナルな「やり口」はうらやましかったりもするのだ。

僕は、理系だ。幾何的な構造的なイメージ把握の感覚があるのだろう。ま、単に、図式的にものを考えてるだけ、ともいえるが。企画の思いつきメモ帳（マルマンのポケットクロッキー帳）には、コトバというより、いつもポンチ絵[9]と矢印線などがぐちゃぐちゃと交錯していた。思いつきのコピー断片や、人物相関図、時系列展開の見取り図、タレント案などなどアトランダムにぐちゃぐちゃと。のちほどご説明する「切り口探し」の図のように、忘れている角度はないかと検証しながら、再度、その落書きや図式を眺めながら考えるのだ。

『ザ・ロイヤル・テネンバウムズ』『グランド・ブダペスト・ホテル』などウェス・アンダーソン監督のシンメトリーな画作りや、『メメント』『インターステラー』などクリストファー・ノーラン監督の時間軸のいじくり方とか、映像を構造的に、かつ輻輳（ふくそう）的に捉える感じに憧れちゃいますね。「手法」とか「やり口」とかが立ちすぎるのもなんだけど、さて次はどこを狙っていこうか、と考えるのは健全なのかも。企画書で「最適解」とか「最短距離」という言い方をよくするんだけれど、それはそれで、目標に対する手っ取り早い合理的な近道を模索しているようで、嫌いじゃない。なにかを見通したいんですね、きっと。

商品発想と出口発想

広告企画には、入口と出口がある。

入口は「今度の商品は、こうした長所と短所があって、こんな人たちに向けて、そこそこの予算で、メディアはこのあたりで…」というようなオリエンで始まる。クライアントによる市場分析やターゲットインサイト解析に広告代理店サイドの調査を掛けあわせて、僕らクリエイティブは企画を始める。とりあえず、商品まわりから発想する。あたりまえだけど。でも、商品から考えるのに詰まったら、出口からという手もある。

8 CMプランナー、クリエイティブディレクター。1999年、岡康道氏らとクリエイティブ・エージェンシー「TUGBOAT」を設立。
9 ポンチ絵とは、明治時代に描かれた浮世絵の一種で、滑稽、風刺的な絵を指した。後の漫画の原点と言える。

「発想の基本は二つ」

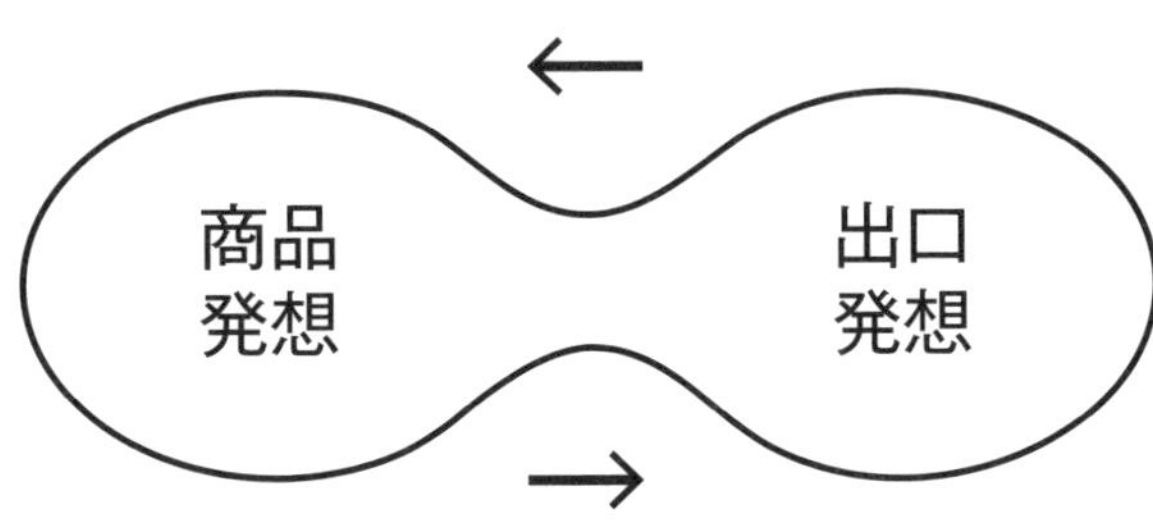

商品から考えるか、出口から考えるか。
常にその２つは混在している。

「課題認識」と「問題解決」とも言える。
「企画」と「表現」というのにも近い。

1　商品発想

商品まわりから発想する。それを「商品発想」と呼ぼう。次の項で説明する同心円の発想法なんだけど、その商品やテーマについて「なにが言えるのか」「どこが気になるのか」「どこが嫌われそうか」など、いろんな角度の視座で考えて「言語化してみる、ないしは、図式化してみる」というのが、僕のやり方だ。例えば、その商品が好きそうな人と興味なさそうな人とを設定をして、その2人の「会話」を考えてみたりする。そこでの突っ込みや、納得、無理解、屁理屈などなどだらだらと考え、核になるコトバを発見したりする。もちろん一般的には、商品スローガンを考えたり、キービジュアルを考えたり、人それぞれだけれど、ものを中心に据えての発想をするというのは、基本中の基本だ。

2 出口発想

「出口発想」というのは、その表現（僕の場合、ＣＭ）が登場するメディア側（僕の場合、テレビだけど）視点での発想だ。この「テレビという箱」から、なにが飛び出してきたらいいのだろうか、と考えることである。それは「ウケそうか」「届きそうか」とか「最近、ジングル[10]ＣＭ少ないよな」「油絵のアニメがあったら、どうだろう」とか表現の座標軸での鮮度を企画にしたりする。アウトプットのインパクトや吸引力の優れたものがあったら、強引にでも活用してみよう、という発想だ。メディアによっても目新しさは異なる。例えば、３連トレインチャンネルも３つのモニターが同期するということによるマルチスクリーンの話法だったり、時間軸のずらしだったり、そのモニターを眺めながら、あれこれ考えた。映像の出口で考えたわけだ。

ときに入口探しに詰まったら、出口探しをしてみるのも、よいのかと。

切り口探し　基本データ×直感

放射同心円の切り口図、まんなかに、ものやブランドを置いてみる。放射線上の切り口コトバは、僕の思いつくままにあげたモノで、これまでのＣＭづくりになんらか関与した「切り口」の数々です。右周りに、その商品の出自や歴史、発売後数年経つならその広告の変遷、いまの社会においての時

10　歌詞に商品名やメッセージを歌い込む形式のＣＭソング。代表的なものに、キリンレモン、ポリンキーなど。

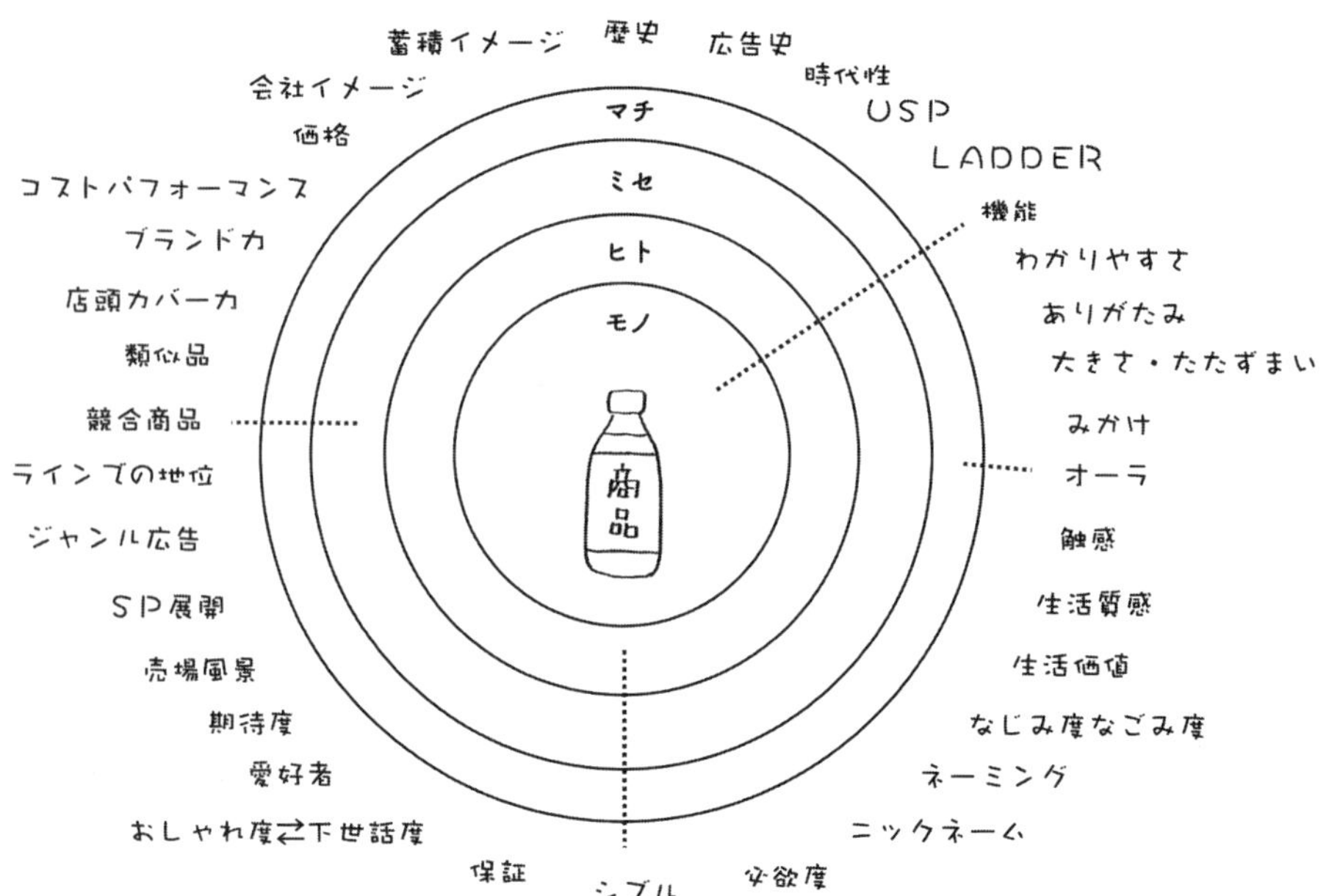

「切り口探し」を行うときに使う図。これは飲料水の場合

代性はあるのかないのか、その商品ならではの特徴（後述しますがＵＳＰという）は、特筆すべき機能は、それはわかりやすいか、15秒で説明できるか、ありがたみは伝わるか、存在感はあるのか、見かけは良いかいまいちか、オーラは持っているか、触れるか、触れるなら触感はどうか、生活の中でのありようは、生活質感は良さそうか、価値はあるか、ネーミングは覚えやすいか、風変わりか、センスはいいか、売り場での風景はどうか、目高の商品か、そもそも有名か、ブランド力はあるのか、コスパはどうだ、高いなりの良さは伝わるか、会社のイメージはどうか……など、けっこう忘れてるものや変わった視点もあるけれど、そうしたひねくれた感覚も必要なのだ。同心円の、モノ・ヒト・ミセ・マチは視野というか、局所的に見るか、俯瞰してみるか、傍観的に見るか、という気分で考えましょう、という感じです。基本データと、直感との掛け算する感じですかね。

そのなかのいくつかを詳しく紹介しましょう。

切り口例1　【シズル】　ジュー、とろーり、シュワワワー、グィーン

「Sizzler（シズラー）」という郊外型レストランの老舗が、東京に何軒かある。80年代に登場したサラダバーのハシリだったなあ。アメリカンなコールスローや冷凍野菜のおいしさに感激したものである。その語源は「SIZZLE（シズル）」。辞書で引くと「肉がジュッと焼ける音（映像）」とある。業界では、その「音つきの映像」のことを言うようになったみたい。60年代にアメリカのステーキハウスがコマーシャルに活用してみたら、売上が倍増したという話もある。映画やドラマにはあまり登場しない、広告ならではの表現術だ。ビールやアイスクリームなどの撮影では、それぞれのシズル専門職も登場する。撮影直前に泡をキレイに盛るとか、グラスの水滴をスポイトでつけるとかは基本として、さまざまな

技がある。僕が広告界に入った70年代には、プロデューサーやスタッフがやったりしていた。僕も小器用だったので「あ、それだったら、こうしませんか」と、アイスクリームのヒダヒダづくりを、自分でやったこともある。ショートニングに何種類かの穀物粉や糖を混ぜて、絞り出すのだ、まだ解像度の低いフィルム時代だから、それでも立派に通用した。

いま現在この分野は、高解像度撮影と高速度撮影にCG技術も加わり、高度技術職になっている。カメラ機材やポストプロダクション（映像制作における撮影後の技術的仕上げ作業）機材の技術革新も進み、CGは粒子や流体の表現を究め、霧状の気体や空気感の表現とかまで、どんどん深化しているのだ。こうした映像を見慣れた僕らですら、CGなのか実写なのか判断がつかないことも多い。先日、果実の皮が剥かれるCGを東欧のチームに依頼したが、すごかったな。色彩、質感、しずく感などあらゆるシミュレーションを見せてくれて進行する。

見ている人が、おいしそうと感じるためなら、ありえないアングルの映像や、時間の切り取りもしたりして追求していく「シズル」追求。商品そのもののおいしさを逸脱しなければいいですね。

切り口例2【USP】その商品ならではの強みを見つける

USPとは、「Unique Selling Proposition（Point）」というマーケティング用語。競合の同種の商品群の中で、その商品だけが持つ優位性を語ること。おいしいとか、きれいとか、抽象的なことではなく、その商品ならではの具体的なポイントのことだ。「一番搾りだし使用」「直立縦置き型」「タウリン配合」とか、よそにはない、その商品が勝っている点を探っておくことは、CM企画において必要なことだ。

ただ、それが広告上、伝えることに意味があるか、15秒のCMなどで理解されやすいのか、情報力があるのかなど、強調したり自慢したりするべきかどうかは、次の検討課題だ。優れたコピーライティングでその特徴が明確になったり、映像で比較してあきらかに優位性があると感じられたりすれば、広告のテーマにすべきだが、伝わりにくい情報だったり、関心なくスルーされやすい話材と感じられたりする場合は、ほかの争点にしていくべきである。そこは、判断だ。オリジナリティがあって開発者が心血注いで捻出したポイントであっても、15秒のCMでは理解されないことも多い。その強みが、嫌われどころになる可能性もある。気をつけたい。

ＵＳＰは、商品パッケージに書かれることが多い。ロッテのキャンディ「小梅」の「大玉入り」も、かつてはＣＭのナレーションでうたった。袋の中全部を大玉にすりゃいいのかと言うと、そうでもない。２個だけだからいいのだ。いつ、どんな時に大玉を食べるか、ユーザーに委ねる。ユーザーは悩む、そこが、楽しいじゃないですか。そんなこともＣＭのネタにはなったりしますね。

切り口例３　【オーラ】 存在感があるか、目高に置けるか

ウィキペディアによると、「オーラとは、生体が発散するとされる霊的な放射体、エネルギーを意味する」らしいけど、そんな霊的な話ではないのだ。その商品が、自信に満ちているか、商品棚で輝いているように見えるかである。コンビニや商店の商品棚というのも重要な広告媒体である。購入最終決定の現場でもある。そこを、勝ち抜く威風堂々とした「佇まい」がある商品が、強い。気がする。

切り口例4　【コスパ】　価格設定は広告になる

その昔、昭和の時代、お菓子のCMのラストは価格で締めることが多かった。「ロッテジュエルリング30円！」とか。「100円でカルビーポテトチップスは買えますが、カルビーポテトチップスで100円は買えません」なんて有名なCMもありました。基本的には、価格訴求というよりは、この値段でこの味だよ、おいしいよ、楽しいよ、という「コスパ」をうたったアプローチですね。子どもがお小遣いを握りしめて駄菓子屋に行っていた時代の微笑ましさはありますね。

その後、小売価格が店舗戦略で一律ではなくなったりして、価格表示はしないことが多くなりましたが、価格というのは、楽しく、品良くやれば、有効なネタですね。その昔コーミケチャップソースの「値段は高いが、いい味です」という素朴なコピーは、なんか正直そうで、おいしそうに思えましたもの。企業努力でギリギリ下げている、という感じはわるくない。2016年の、赤木乳業の「ガリガリ君」の泣く泣くの値上げ告知も、好感度が高かったですね。

……などなど、これは僕なりの切り口探しの方法なので、みなさんも、ご自分で気になる要素コトバを並べて検証してみてください。

ヒトの行動フロー　出会いから吹聴まで。

「モノ」と「ヒト」との出会いからの関係性を時系列で見てみるのもいい。インサイトやコンタクトポイントを探るということにも近いけど、それらを、購入前から購入後までの時間軸で、出来事や心象をつぶさに並べて分析してみる「やり口」なのだ。これは個人的な経験が発端なのだが、その時代時代に、ものの購入フローというのは、特徴があると思う。

それは25年ほど前、トヨタ自動車などによる異業種合同プロジェクトから生まれた商品群ブランド「WiLL」というやつで、当時としてはかなり画期的で新鮮なアプローチだったと思う。次の購入フローは、その「クルマ」パートに僕がまんまとハマって、1台買ってしまったプロセスを元にしているわけです。

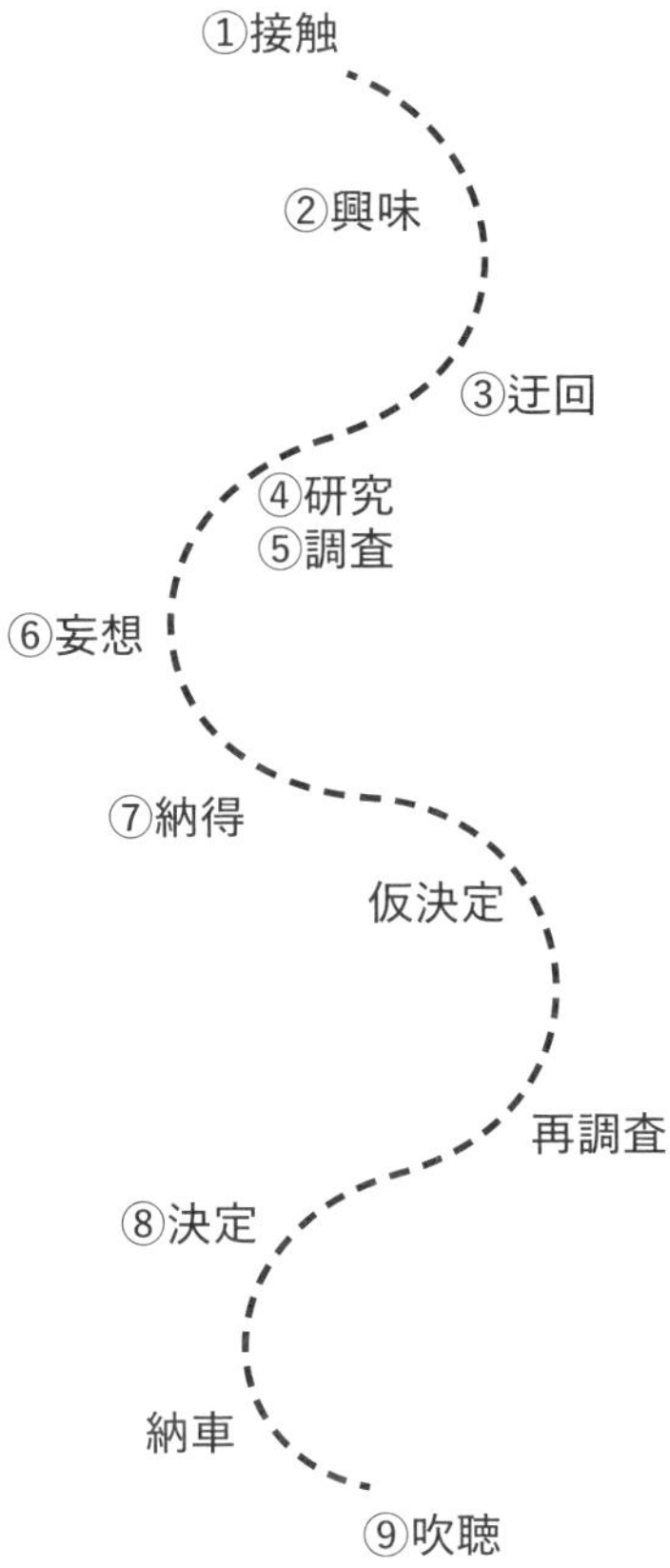

①接触
②興味
③迂回
④研究
⑤調査
⑥妄想
⑦納得
仮決定
再調査
⑧決定
納車
⑨吹聴

僕がクルマ(WiLL)を買った時の
行動のフロー(詳細は、P.64)

①「接触」あれは落ち葉が舞ってる表参道の瀟洒なショールーム。
②「興味」ＶＷビートルをすこし角張らせた幌張りのカブリオレ。
③「迂回」若い女性が群がっていたので、すこし遠巻きに眺める。
④「研究」当時はネットなんかないから、クルマ誌を調べまくる。
⑤「調査」社内の女子に「男が乗っても悪くないよね」と念押し。
⑥「妄想」カタログ写真をクルマの輪郭で切り抜いて眺めまくる。
⑦「納得」自宅の車庫でかざしてみる。「似合う」。
⑧「決定」ディーラーに連絡して、即購入。幌付きバージョンを。
⑨「吹聴」仕事に自走しては「なんかカワイイでしょ」を連発。

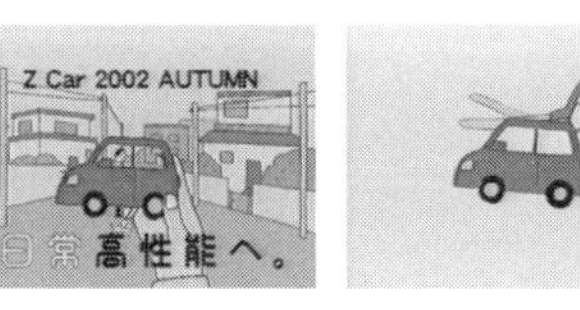

というようなプロセスは、ヒトがモノを買うときに大なり小なりあるはずだ、それをこのようなフロー図（P.63）にしてみた。するど、どのポイントにも強いインサイトがあるわけで、いちいちＣＭシーンになるということを発見した。仕事で、実際にコンテ化もしてみた。なかなか、いい探り方だなと思う。

ユーザー研究・分析、「お客さまモデル」

数年前にクライアントのオリエン資料に「ペルソナ」[11]というターゲットプロファイルが描かれてい

て「なんだこれは、僕が昔言っていた『お客さまモデル』じゃないか！」と、膝を打った、ということがありました。同じようなことかもです。ペルソナの定義はあまりきちんと知らないので、ここでは触れませんが、当時マーケティング担当者がつくるターゲット分析表が味気なかったので「これ、もっとわかりやすく、パッと感じるものにしようよ」と、つくったものです（次ページ）。ターゲットの典型的なイメージ像を男女ひとつずつ、イラストレーターにお願いして描いてもらった。あまりにできがいいので「これ、このまま回転するCGにしてさ、CMにしちゃおう」と、プレゼンビデオにしてみたりもしました。

ユーザープロフィールの具体化、イメージ化は企画時にすこぶる有効です。僕は中央線豊田駅始発の通勤電車で東京駅まで通っていたことがあるのですが、座って約1時間、そこでいろんな人々を観察した。その時の担当商品を「この人なら、どう使うだろう、あの人は、使わないか」とかとか。その嗅覚というか仕分けは、CMプランナーの得意技で、CMのストーリーやネタが浮かんできたりするわけです。そんな気分の視覚化・定着という作業はCMプランニングのひと工程ですね。

CMプランナーや、クリエイティブディレクターという職種に大事なのは「生活経験値」だと、前にも書きましたが、自分のことだけでなく、情報を送り届ける相手のこともよく知っておきたいということでした。

11　マーケティング用語。商品やサービスを利用している典型的なユーザー像のこと。

お客さまモデル1　主婦　H･Yさんの場合。

安いだけでも、ナットクいかない。
美容室は、値段じゃ選ばない。
カット1,000円のお店には意地でも行かない。

なにかを思い出そうとすると、口が開く。
子どもの頃からのクセ。
この時点では車検のことは、
まだ忘れている。

トクをすればトクをするほど、うれしい。
安売りのお店に電車を乗り継いで出かけて、
結局ソンしたりもする。

昔話が好き。先の話も好き。
こう見えても高校時代は陸上1万mで
インターハイ4位。自慢の脚力は
毎日のジョギングのせいかおとろえ知らず。

おトクな情報だけを聞き分けられる。
どんなに遠くにいようが、
おトクな情報だけは聞き逃さない。

石橋は、何度もたたいて渡る性格。
なにかにつけて慎重派。
大きな犬がいる家には近寄らない。

着実で慎重な性格。
ハンドルを握ると
おっとりした性格が
少しだけシャンとする。

オマケには目がない。
八百屋でゲットした産地直送の青首
大根。1本はオマケ。

そんなH･Yさんを研究してつくりました。

お客さまモデル2　独身会社員、Y･Hさんの場合。

実はせんさいなハート。
初めての車検に
ちょっとドキドキしている。

ソンはしたくない。
コンビニよりもスーパー。
独身男のわりには10円単位で品定め。

ヘンなところにこだわる。
なぜか、この立ち方のクセは
中学の時から直らない。
母にもしかられる。

新しもの好き。
誰よりも早く、いいものを見つけたい、
と思っている。
「ジュディマリはメジャーになる前から
ファンだったよ」がログセ。

うっかり屋さん。
ちょっとはずしている感じが
母性本能をくすぐっている。

先のことが気になる。
手相をよくみてもらう。
占いはキライなほうじゃない。

情報はチョイスして。
なんでもやみくもに集めたりしない。
自分でいいと思うものだけを
きっちり吟味して。

そんなY･Hさんを研究してつくりました。

プレゼンテーション1　なくてもいいけど、あると効果的な「企画メモ」

富田さんのアシスタントをしていた時代から、プレゼンテーションの企画書を書かされることが多かった。戦略的なことはマーケの企画書でいいのだが、そこで表現コンセプトまで語られちゃあ、杓子定規な企画になっちまう。避けたいなあ。そこは奪還しなくっちゃ。「あ、ここは、僕書きます」と言って、すこぶる柔らかい文体で、最寄りのことから、書き始めた。

僕の企画メモは、意外と人気がある（自分で言うな）。宣伝部を去る方が「黒須さんの、あの企画書が読めないのが、さみしい」などとお世辞を言ってくださる。毎回、書き方は工夫するんだけれど、ひな形はいくつかある。基本は、プレゼンで喋る流れのおさらいだ。企画に至った「思い」を淡々と綴ったメモのようなものだ。ナレーション原稿として、自分で読んだり、ナレーターに読んでもらうような文章にする。オリエンシートの一部をコピペして要約したり赤線を引いたり、きっちり把握している感も出したりする。そのひとつで、（身内に）人気だったのが「ケータイ家族物語」のプレゼンの冒頭文（72ページです）。

ほかにもよくやるのが、クリエイティブチームでの打ち合わせの様子の再現だ。会話形式にして、冒頭に置く。例えば、ケンタッキーフライドチキンの企画書の冒頭では、こんなことを。

「で、さあ、ケンタッキーの仕事なんだけど…」

「ああ、そういえば、最近、食べてないかも」

「俺、大学の頃ヘビーユーザーだったんよ、ごはんと食べてた」

「あたし、バイトしてた、京都で」

「ケンチキっていうのよ、あっちは」

「PCとか打つ前に食べちゃうとさ、ベタベタでさ」

「ふきまくり」

「夜とか、ダメなのわかってんだけど、ムショーに食べたくなっちゃう」

「CMどんなんやってたっけ」

「なんか、全体に、笑顔系」

「街で見かけなくない？」

「青山通りにあるよ」

「通勤路じゃん」

「クリスマスのとき、ならんだ2時間」

「なんでまた」

「口ん中が、もうケンタッキーになっちゃってて」

「あるある」

こんな感じで始まりました。次のコミュニケーションの打ち合わせ。

……とかとか、多少脚色してるけど、素直なところを、のっけに出すのも好感度が高いのかも。ま、いきなりコンテの説明に入るよりも、なめらかになることは確かだ。

プレゼンテーション２　「Ｖコン」という魔物

画コンテというのは静止画だが、それを15秒や30秒の時間構成に仕立てた「動く絵コンテ」のことを「ビデオコンテ」（通称：Ｖコン）という。コンテ画を撮影して構成しただけのものから、資料映像のムービーを編集・加工したり、簡易ＣＧを動かしたりまで、手法はいろいろだが、仮のサウンドやナレーションも加えての「ほぼほぼこんなＣＭになりまーす」という商品見本的なプレゼンアイテムだ。食堂の食品サンプルみたいなもので、見本だから実物とは違う。本来は「世界観」や「気分」を感じてもらい、「コトバの流れ」を確認してもらうものなのだが、競合プレゼンだと、ついつい豪華な画とか音楽とか最新映像技術とかを織り込んで、あとあと大問題が発生することもあり要注意だ。

海外では「スティール・オ・マティック」とか「アニマティクス」と呼ばれていますが、事前調査のためにありもの映像（映画やほかのＣＭなど）を切り貼りして、そこにセリフやナレーションをアフレコして仕立てること。いろいろな権利がからむ映像などを勝手に借りているので、スティール（盗む）と言うのもそのあたりを気にしての呼び名だ。もちろんインナーでの使用に限られているのだが、上手につくれば、それなりの期待感と納得感を得られる。演出家が演出コンテを時間割りして詳細な構成を確認する場合にもきわめて有効だ。いずれにしろ、事前の確認のための手段ではある。ただ、役者の芝居やセリフ回しに期待するものとか、高度なCG映像とか、Vコンでは再現しにくい企画もあるので、無理して全てVコン化する必要もない。

僕は、このVコンを早々と開拓して仕事にも導入した。ありもの動画というより、絵コンテを撮影して編集したモノが多かったが、これはこれで味もあり、想像する楽しみもあったりする。黒須Vコンの名作と一部で言われている「霧ヶ峰の家」のVコンは、エアコンの「温度と湿度」と人間関係をからめたもので、商品の高品質感は醸し出していた。これは、電通にいた東畑幸多君（現（つづく））とCMプランナー対談をしたとき、東畑君が好きな黒須作品に入れてくれたものだ。Vコンなのに。どこで見たんだろう？

あと、ビデオまでつくる時間がないときは、音コンテという手もある。本ページ下のロッテオリオンズのキャンペーン企画は、3

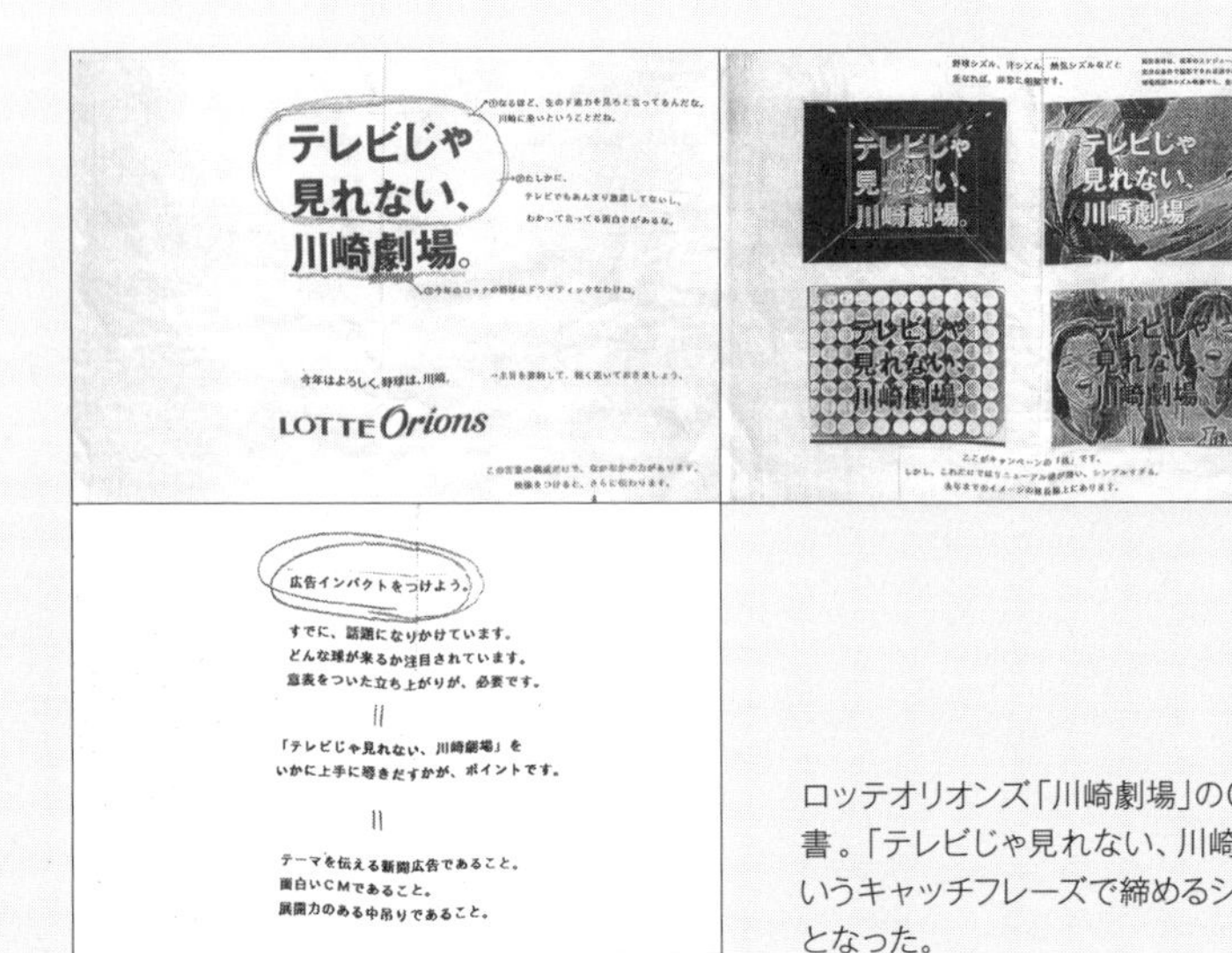

ロッテオリオンズ「川崎劇場」のCMの企画書。「テレビじゃ見れない、川崎劇場。」というキャッチフレーズで締めるシリーズCMとなった。

日間で仕上げたのだが、「テレビじゃ見れない川崎劇場」というコピーをナレーターに読んでもらって、音楽もつけて、画コンテに沿えた。実制作では監督の提案で音にしないで、文字だけにしたのだが、それが効いたのか、その年の流行語大賞もいただいたのでした。

「テレビじゃ見れない川崎劇場 川崎球場へ」篇

（喫茶店でカップル）
彼（彼女の発言に）：ふざけんなよ。
彼（川崎行き電車で）：…
彼（階段のぼりながら）：ウソだろ
彼（球場の前を）：ふざけんなよ。
彼女（オリオンズの帽子かぶって）：前田さーん
（彼、呆然）
音楽：♪～（勇ましい音楽）
（ロッテ選手のカットバックに）
Ｓ：テレビじゃ見れない川崎劇場
ＮＡ：ロッテオリオンズ

ケータイ家族物語

はじめに

技術革新というのは、いつも、ピカピカの未来感がうれしいのだけれど、しばらくするとごく普通の家庭でも、その技術を、なんでもなく、当たり前のように、使いこなしているわけです。

その「技術」の立場としてみても、そんな使われ方の方が、うれしかったり、その「企業」の見え方にしても、そんな風景の方が、微笑ましかったり、柔らかかったりするんじゃないでしょうか。

ドラマCM（というジャンルがあるかは別ですが）というものは、

「ケータイ家族物語」の企画書の冒頭文

人間ドラマの中に、織り込まれたその商品が、あたりまえのようにとけこみ、
それでいて、ちょっとうれしい存在になっていることが共感を呼びます。
その先進性を誇ることばかりにならないように注意したいものです。
動画配信や大量データ搬送は、きっとこの先、普通の人々のコミュニケーションを、
これまでよりも、さらに、深くなめらかにしていくものだと思います。
家族というものが、個人と個人の集合体として際だってくる時代、
かつてのような、ちゃぶ台やテレビを囲んで集うのではなく、
それぞれが、それぞれにビビッドに生きながら、
距離とか時間とかを超えて、新しい家族関係が築かれるようになることでしょう。
今回は、そんな新しい家族の風景を軸に
もう始まっている、次の通信時代の「新日常風景」をのぞいてみましょう。

❶ 富田良彦さん

富田良彦という天才がいた。なくなったわけではないので、いらっしゃる、が正しいのだが、ずいぶんとお会いしてないので、自分との関わりにおいて、勝手ながら、過去形にしてしまった。博報堂に入社して、第三制作室配属が決まり、渡された座席表の末席にたどり着いたら、僕の椅子の肘掛けに足がのっていた。机はというと、当時はパーテーションもなかったから、隣からダムが決壊したように書類や漫画（主に『週刊少年マガジン』）が土石流のように流れ込んでいた。そのリクライニング状態の足の主は読んでいる漫画で顔は見えない。「あのぉ」と声をかけると、「あっ」と意外なほど気弱な声で「黒須くん？」と、足を引っ込めた。「富田です。君のトレーナーの」。

そこから、毎日、くっついて歩いた。富田さんはジーパンジージャン長髪髭ぼうぼうサングラスの風体で、三菱重工ビル爆破事件（1974年）後の丸の内では毎日職質されていたようだ。当時の僕は入社前研修でべた褒めされ、新入社員の中でひとり制作配属が内定していたという始まりから、やや天狗になっていて、なんで、僕がこんなダメ社員の下に配属されるんだ、と同期に不満を漏らしていた。同じ慶應大学出身なのにずいぶんと違うなとお互い距離を感じていたのだが、２人とも漫画好きで、『喜劇新思想体系』（山上たつひこ）やどおくまん（『嗚呼!!花の応援団』などで知られる）話で盛り上がった。童話や絵本や映画にも詳しく、ルイス・キャロルやＡＴＧ映画や谷川俊太郎や、あらあら、なんだか同じような嗜好だなあと、どんどん、こころを開いていった。

仕事は、厳しかった。そして、早い。そのスピードに食らいつくのが大変。ロッテのオリエン帰り、初台から千代田線で二重橋前まで帰る30分の間に、企画を5本はつくる。「黒須君も考えな」と言いながら一心不乱に。独り言をつぶやきながら「できた」と言って、見せてくれる。すごい、面白い。うまい。早い。「黒須君のは？」と僕のメモを見て「ふーん」と即座に返してくる。ちょっと芽があると「こうしよ」と言いながら、企画に仕立てている。教えることなどなにもない。見ていろ。と。

富田さんの米軍払い下げズタ袋の中には、漫画と大きめのクロッキー帳が何冊も入っていた。ＣＭ企画や映画の脚本構想（ピンク系映画的だが）やオリジナルな劇画キャラクターなどがごちゃごちゃと綴られていた。

会社という組織での出世とか、賞とか、そういうものには無頓着な人で、いつも誰かの次に名前が置かれていた。ほとんど富田さんが考えているのに。授賞式とかもサボってだれかに託して「黒須君飲みにいこう」と、ゴールデン街に消えていったっけなあ。

②博報堂に入社

広告的なことのほとんどは、ここで学習して、蓄積していった。そのことは、この本で取り上げる「やり口」や「ＴＩＰＳ」で、触れていくわけだから、ここでは、それ以外の話をしましょう。人との出会いですかね。先日、僕の会社クロロスを立ち上げる際に、新入社員の頃からの名刺をデータ化しようと思って名刺スキャナを手に入れたけど、あまりの分量に呆然として、名刺整理は挫折して、紙のまんまだ。

しかしまあ、いろいろな方と巡り会った。上司はもちろん、同期もいたし、そのうち部下もできた。かなり、たくさん。後には「博報堂の黒須チーム」なんて言い方も伝播していった。そうそう、入社２年目で早々と同期のコピーライターと結婚した。

さきほども説明したように、当時から広告界の制作職は、コピーライターとデザイナーとＣＭプランナーという３つの職種があって、おおまかには、「グラフィックの人」と「ムービーの人」という区分けでもあった。古い言い方で言うと、「印刷系」と「動画系」。そんなに仲良くはなかった。なんとなく、グラフィック連中の方が知性があって気位も高く、ＣＭ野郎は動物的でお調子者てな感じに分類されてたような。新人プランナーの配属先は局詰めの生コマーシャルかラジオ制作だったしな。なんかなあ。

そうそう、当時は、仕事が来ると、先ずCDとコピーライターとがコンセプトを決め、それを下流のAD、さらに下流のCMプランナーに流す、という感じ。その上流には「マーケ系」という一群もいて、「これがクリエイティブへの指示書です」なんてのたまったりするモノだから、僕は激怒したりしていました。いまは、そこに、「デジタル系」も加わって、そっちが「主流」に。僕ら「動画系」は古典になった。

部門長に「キナオカメ」というしなやかな組織を提案したことがある。その後、代理店各社が模索した代理店紐付きブティック構想、クリエイティブブティック[12]のハシリだ。キレイなモノ、泣けるモノ、面白いモノ、かわいいモノ、珍しいモノの頭文字で、なんのこともないのだが、強いモノ、派手なモノ、エラそうなモノの反語であった。「面白いね」と一蹴されたけど、素敵な面子が揃っていて、その後黒須チームに集まっていった。

しかし、年次を重ねると管理職的な業務も多くなり、こりゃあ、忙殺されちまうな、と思っていたところに、同じような志向性の電通・佐々木宏[13]さんの誘いに、ピンと、きたわけだ。

つづく

12　TUGBOATやシンガタなど、大手広告代理店から独立した制作チーム。独立したとはいえ、代理店との契約関係も多い。

13　電通でコピーライター、クリエーティブディレクターとして活躍した後、2003年にシンガタ設立。2019年に個人事務所「連」を立ち上げた。

基本編③

コトバと映像と時間軸

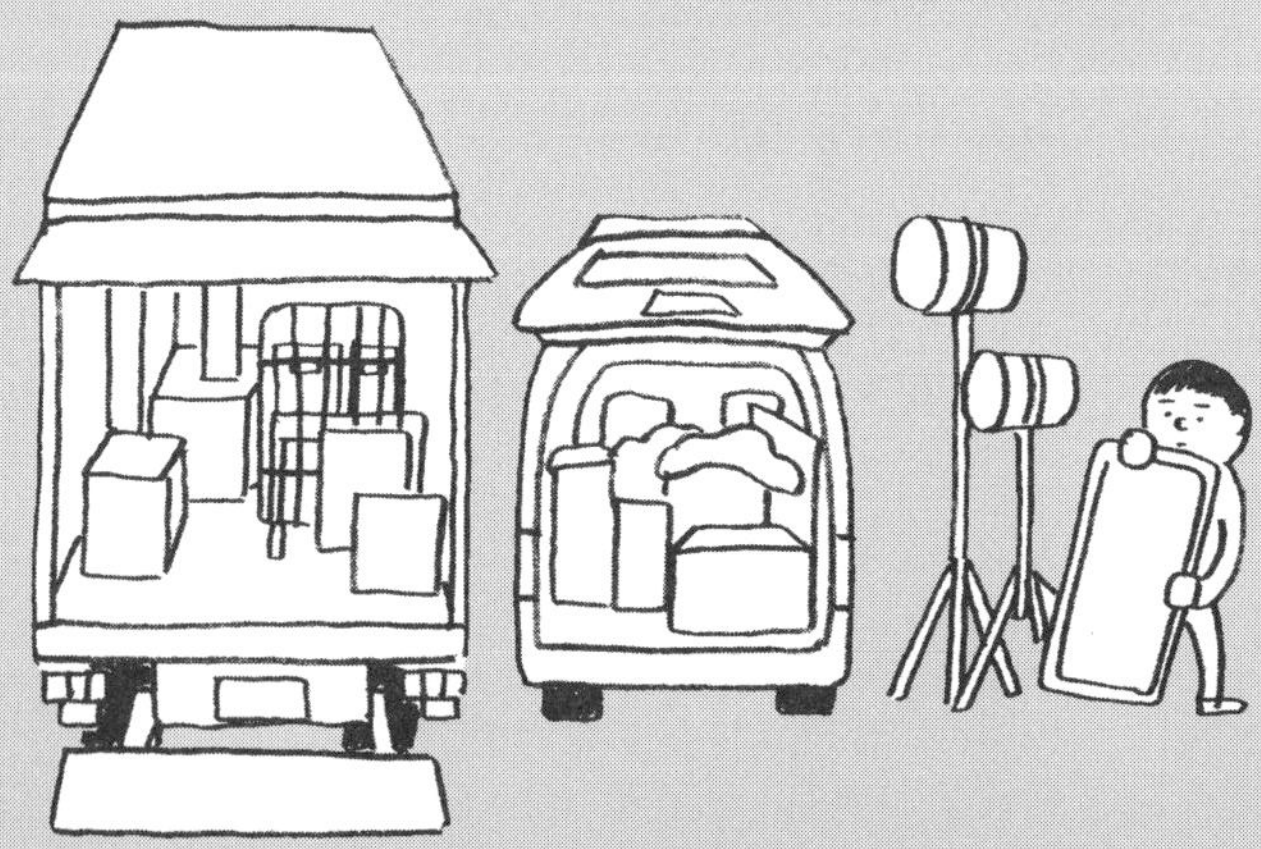

僕は、ときどき「セリファー」と呼ばれていた。プランナーやデザイナーのような、接尾辞「-er」をセリフにつけた造語なんだろうな、たぶん。当時の広告会社では、マーケ主導のコンセプト→コピーコンセプト→キービジュアルを決めて→CMに下ろす、みたいな流れが主流だった。そこに反旗を翻して、やっぱり感情のこもったセリフだよ、だいじなのはセリフ、セリフなんだよ！とかばかり言ってたからか。皮肉交じりで「セリファー」と言われたりしたのだろう。

むかし、六本木でばったりとあったAD森本千絵ちゃんに「あ、そうだ、黒須さん、セリフ書いてくださいよ。いま撮っている長沢まさみさんの映像は、ノンバーバルでいいと思ってたんだけど、ふたり役者さんがいるし、なんか、セリフがあるほうがいいかなって。音として使うかどうか、わかんないけど…」とか言われて、むかしのよしみで、というか、元上司として「いいよ」と快諾した。拙著『うわごと』用の書き殴った原稿にけっこう対話モノがあったなと、見返して、ま、いいや全部送っちゃえ、とまるごと送ったら「いい、いい」とか褒められて、後日、アズールの長尺ムービーに薄ーく、セリフが聞こえてた。「フォボスとディモスがさあ…」。あ、なんか。いいじゃん。

CMコトバのあれこれ　ナレーションからタイポグラフィーまで。

映像には、ニュースのように、ひとりのキャスターがカメラ目線で延々と言葉を綴る（ストレートトークと言ったりします）場合もありますが、それ以外にも、いろいろな「コトバ」や「声」が存在します。主だったモノ、活用しやすいTIPS的なものを紹介しておきましょう。

- **ナレーション**：客観的な解説的な声のこと。CMラストに商品名を言ったりする。
- **リップシンクロ**：撮影時に同時録音された音声。ニュースもドラマも基本はこれだ。
- **モノローグ**：メインで映っている人物のココロの声。映画文法的には、本音を言っているとされる。ココロの声とセリフとがウラハラなことは面白い。「明光証券」（現在は合併により社名変更）のCMは女性のモノローグから始まる。「あたし明光証券って知ってる…」と昨晩の記憶をなぞって、その理由を説明しようとする。。
- **会話・対話**：掛け合いコント的なことも。客観的な風景描写のことも。フランスの映画監督エリック・ロメールの映画は、ほぼ全篇ダラダラと会話が続く。独特のトーンが形成される。
- **二人称**：「主観カメラ」での喋り。カメラが話し相手の会話映像。画面に向かって、つまり「あなた」に向かって喋る。金麦の檀れいさんはじめ、僕はけっこう多用している。
- **アフレコ・アテレコ**：喋る映像に、別の言語の翻訳をあてたり。別の文脈をあてたり。
- **ジングル**：最近は少ないが、商品のことを歌い込むやり口。♪〜くしゃみ3回ルル3錠が有名。
- **ウィスパー**：ささやき声。人は大きい声より、小さい声に耳を傾けがちなので効果的。

・外国語：外国語の中に商品名とか日本語を交ぜると、目立つ。
・字幕：外国語の翻訳として使われるが、極端に意訳すると、面白い。強い、こともある。
・スーパーインポーズ：画面の中の文字だ。登場人物がここにぶつかるネタをやってみたことがある。
・オノマトペ：擬音語・擬態語である。ほぼ意味が無いことが、強力な表現になる。
・リフレイン：繰り返し。15秒でコピーを繰り返すとしつこいけれど、印象には残る。
・ラップ：ヒップホップの歌唱法のひとつ。僕は苦手だが、コトバの印象化という意味では、効果はあるのかも。
・タイポグラフィー：文字組に手を加え、視覚的な効果を生み出すもの。
CMでは、漢字、英語など、文字の輪郭をデザインとして活用したりする。ロッテ「小梅ちゃん」での初企画は「恋」の文字が風で崩れていくアニメだった。

コトバという「骨格」　CM企画は、コトバの構成で考える。

人によりますが、僕はおおむね、コトバ軸で企画を考える方です。人の心に作用させるためには、コトバが重要ですからね、当たり前だけど。ノンバーバルという、言葉を使わない・非言語のコミュニケーションも手法としてはある。すこし例外的ですかね。CMは、商品が発売される地域と、そこに住む人々に対してのコミュニケーションが多く、その地域での共通言語が大切なわけです。グローバル商品などでは、地域ごと、国ごとにカスタマイズ版をつくったりしていますが、コトバによる訴求が、重要だからです。

①CMのコトバには「流れ」がある。

例えば下図のAEONお客さま感謝デーの場合、女の子の「今日は20日！感謝デー」というフリに始まり、あれもこれも「5%オフ！」と盛り上げて、♪～20日30日55%オフ♪というジングルにつなぎ、ラストに「今日！」と念を押すまでの15秒、という流れ。コトバの順番があるわけです。この「時間軸」にそった構造を、考えるわけです。

②CMのコトバは「音声」である。

視覚的な文字情報もありますが、基本は音です。声です。だから、良い言い方と悪い言い方とが、ある。声質、抑揚、間、強弱、エ

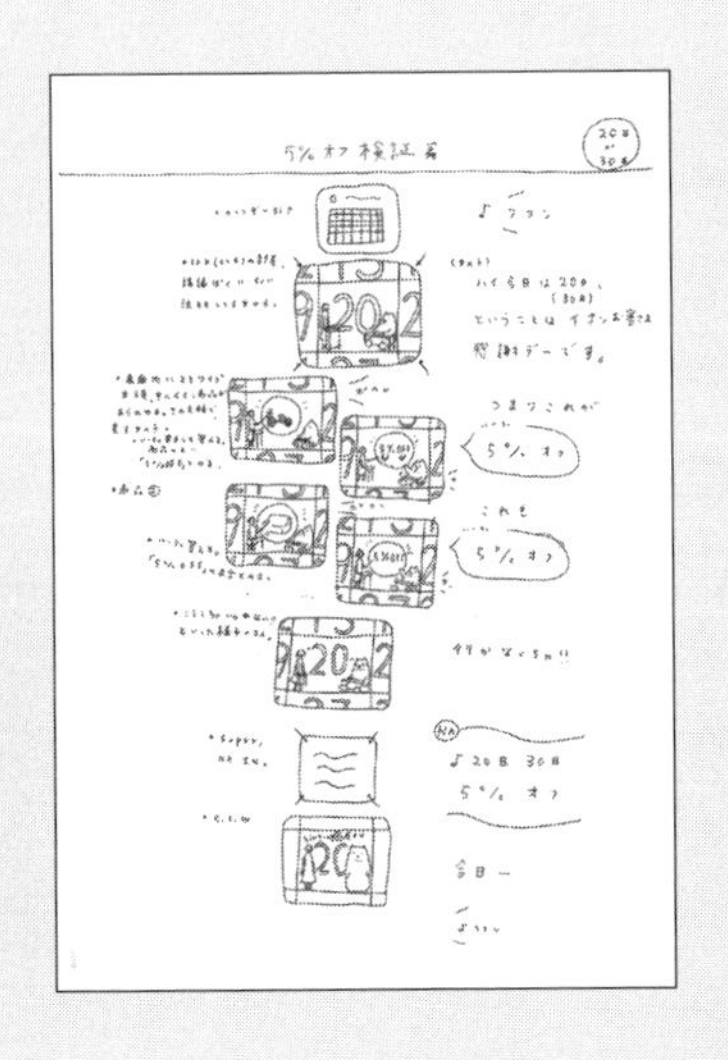

ロキューション[14]など、極めてデリケートなのだ。

③CMは「MA（Multi Audio）」という作業で決着する。

これは、映像とコトバとを合わせる最終工程ですが、そこでCMは、迫力や説得力や笑いや記憶に残る力を宿すのだ。演出家（CMディレクター）が、最も集中する局面です。毎回、この場が終わると、ああ、CMって、いいなと思ったりします。

モノローグ（ココロの声）や、アテレコ（あとから載せるセリフ）などを上手に使いこなすと、ぐんと、伝播力があがったりします。

場の話法・言いまわし　ウグイス嬢の語り口から

広告界では、この話法を研究して、いろいろと引用している。代表的なのが、野球場のウグイス嬢（もはや死語なのかも）の言いまわしだ。「1番ライト塩見、2番センター山崎…」とか出場選手をお伝えするあれだ。あれを、もじっての機能訴求とかも昔ありました。いま聴くとちょっと気恥ずかしいですけどね。

14　朗読・演説、俳優のセリフなどの発声の技術。発声法。朗読法。

口調とか、もの言いとか、人が聞いたことある独特の抑揚やたたみ込み方や間とかを、真似してみると、面白く聞こえる。印象的で、記憶できる。という広告的な効果が期待できると言うわけだ。

僕がやったことあるのは、いわゆる、卒業式の「呼びかけ」。あの下級生が卒業生に向かって、交互に、時にはソロで。清らかに高らかに送るコトバだ。プレイステーション初期のクリスマスCMで、子どもたちが両親に訴えかける。

男子Ａ「お母さん」
女子Ａ「お父さん」
女子Ｂ「プレイステーションを知っていますか」
女子Ｃ「クリスマスプレゼントに最適の」
男子全員「プレイステーションを」
男女全員「知っていますか」
女子Ｂ「知っていますか」（とダメ押し）

これは、ご両親にはかなり響く。やり口競争とも言えるが「あーあ、やられちゃったな」みたいな競争だ。他にもＮＨＫ『青年の主張』（現「青春メッセージ」）の丁寧なもの言い、「株取引のかけ声」や「市場競りのかけ声」的な怒号のような質感も、ゴリゴリの押しの企画にはハマる。東進ハイスクールの物理の苑田尚之先生の口調とか、哲学者のテープを真似てみたりもした。ＣＭのナレーションで

はないが、みんなで電器製品などの説明書を持ち寄り、感情を込めてそれを読み合う、という朗読会なんかもあった。「一．収納されたスタンドのハンドルに指を掛け、二．『チッ』と音がするまで引き起こし…」などを、泣きそうな声で読んだりするのだ。発声の仕方次第で無機的な文章も妙に感情が宿ると、学習した。どんな「場の話法」を、広告メッセージに持ち込むかは、センスと発掘力が問われた。一度やられてしまうと、柳の下は狙わないのが広告界の潔さなのかも知れない。わりと。

映像の中で機能する「コトバ」　見せ方、使い方とその効果

映像の中に登場するコトバも、さまざまに機能する。映画で言うなら、タイトル（題字）だ。どのタイミングでタイトルが登場するかは、それぞれの監督のセンスや思惑によるけれど、おおむね序章というか冒頭近辺である。エンドロールには詳細が置かれるが、前半のタイトルまわりでは、題字とキャストとメインスタッフ等が示される。これは確実に文字であり、デザインと動きが付加される。本編とは位相や質感が異なることが多く、専任のデザイナーがいたりする。

その代表格がアメリカのグラフィックデザイナー、ソール・バスだ。ハリウッドの有名作のタイトル8割はこの人だと言っても過言ではないような神的な存在。映画のテーマに合わせたタイポグラフィーに動きが施され、毎度毎度センスの良さに圧倒される。彼のことで本が1冊書けてしまうくらいだから、ここでは触れないが、そのソール・バスをリスペクトした後継者たちがあらたなCG時代に、また華を咲かせている。『キャッチ・ミー・イフ・ユー・キャン』（スティーヴン・スピルバーグ監

督）のスリリングなアニメーションや、『パニック・ルーム』（デヴィッド・フィンチャー監督）での宙に浮いた文字塊の存在とか、最近のネットフリックスドラマ『エミリー、パリへ行く』のエミリーの登場にからめたタイトルの登場とか、きりがない。文字が機能し、映像に面白い効果を生み出している。

そして、文字やコトバが映像に載る頻度は、映画よりもCMの方がさらに多い。商品の情報や、テーマが凝縮しているから、多くなるのだ。特に、キャッチフレーズは記憶に残してもらうために文字化することが多い。サントリーの「帰れば、金麦」も、ポスターの中の文字だったり、映像に上書きしたスーパーインポーズだったり、印象の残し方を変えたりするのだ。

ほかにも、小ネタですが、「それいけ！ローソン通り物語」のタイトルを立体文字で画面に載せたとき、その文字に高嶋政伸さんがぶつかってみたり、WOWOWのVS企画で文字同士が戦ったり、AEONのお客さま感謝デーCM（下）では「27日」と「28日」が小躍りしたりとか、細かいところでも、文字が活躍しています。

プロじゃなくても知っておくべきカメラワークの極意

はじめてビデオカメラを持つと、人は、カメラの機能に感動する。そして、ズームする。右から左にパン[15]する。カメラを持って被写体を追う、走り回る、俺はサム・ペキンパー[16]だ、『カメ止め（カメラを止めるな！）』だと。そして、モニターで見て、そのガチャガチャした映像にがっかりする。動かしすぎなのだ。

カメラワークは、気持ちを引き込む。例えば、それまでフィックスしていた映像が静かに動き出す、それまで見えていなかった部分に寄り始める。すこし恐い、なにかが、いそうだ。わっ、揺れる、なんて動きは、恐怖映画やサスペンスのお作法だったりする。ガス・ヴァン・サント監督の名作『エレファント』の前半、カメラは銃乱射事件の被害者と加害者を、客観的に冷静に後ろから追う。静かな平行移動、ドリーショット[17]の連続だ。実際の事件を知っている人には、そうした静かな動きの連続が、恐ろしさを募らせる。じわっと動く映像に、次の展開を予感してしまうからだ。

カメラワークと言えば、80年代後半のＬＡでの撮影時に、現地の美術スタッフが気前よく分けてくれたのが「Walk-Through」という設計ソフトだった。それはＣＭのセットプラン等を線画の簡易３ＤＣＧに起こして、自由に視点移動できる優れものだ。そうしたカメラの視点移動のことを業界でウォ

15　カメラを固定したまま、フレーミングを水平方向や垂直方向に移動させる技術。
16　西部劇の傑作『ワイルドバンチ』や『わらの犬』『戦争のはらわた』などで知られる映画監督。アクション映画の新境地を拓いた。
17　カメラをドリー（台車）に乗せて動かしながら撮影する方法。台車の下にレールを敷く場合もある。

ークスルーと呼ぶようにもなった。グーグルが一時、無料配布していた「Sketch-UP」という画像ソフトも超優秀だ。被写体と背景の美術とカメラの動きの関係性を探るもので、レンズは何ミリか、移動はクレーンか、という設定をして、そこで見切れてしまわないセットを緻密に設計する。その時はクルマの撮影だったが、白バックのワインディングロードをどの規模でつくるか、強度はどうするか、照明の台数は、という計算をするのだ。ローアングルの時、人物の奥になにが見えるか。小津安二郎の映画なら、天井の燦が何段入るかとか。そういうことを、ワイヤーフレームの簡易CGでシミュレーションするものだった。当時はワイヤーフレームのCGでさえ、珍しい頃で、米国CM業界の先進感性に唖然とした。

ムービーカメラ周辺の技術には、パンとか、ドリーとか、手持ちといったカメラ移動の種類、ワイド、クローズアップ、超長玉などレンズの種類、俯瞰やあおりやドローンショットのようなカメラの向きや画の広がりに関する技術、そして、それらを補強するデジタル技術、さらには被写体すらバーチャルなCGワークなどなど、いろいろあって奥深い。カメラの動きが企画になることもあるし、プランナーも、カメラの技術や動きの効果をある程度知っていた方が、いいに決まってる。

僕は「主観」にハマった。自分が好意を持つ俳優さんが、カメラ目線でこちらを向いて喋ると、その人が自分だけに語りかけているような気持ちになる、という法則を活用したカメラワーク＝主観映像である。「おはよー、朝のシャンプー娘！」という友だち目線で斉藤由貴さんの驚き顔が飛び込んでくるとか、葉月里緒奈さんがこちらを向いて「一緒に行くよ」と命じてくる（P.191）とか、蒼井優さんが「あ、忘れてた！」と僕だけに内緒の話をしてくれたとか、「金麦と待ってるー」と言い残して画面の奥に立ち去る檀れいさんなどなど、視聴者に対してと言いつつ、自分に向かっての画づくりをしてきたところもあるわけでした。ほほほ。いいでしょ。

動画のカメラワークについてすこし解説しておきましょう（P.94で詳しく図にしています）。CMプランナーが知っている範囲のことですけどね。

動画というのは、ムービーカメラなら毎秒24コマ、ビデオカメラなら毎秒30フレームという静止画の連続だ。つまり静止画にはない時間（軸）という要素が加わって、動きが表現されたり、時間経過が描かれたり、音声が載ったり、複雑な要素が絡み合うのだ。その要素をあげていこう。

①フィックス：固定撮影

カメラが固定されている状態での撮影映像。アナウンサーが喋るニュース画面とか、相撲中継の主映像とか、インターフォンの画像などの定点撮影画面もそうですね。セールストーク系のCMも多くはこれ。基本的には、中で起こっていることや語られていることに主題があって、観てい

壇れいさんの目線が視聴者に向いている金麦のCM

る人がカメラの存在を気にしない映像とも言える。また、フィックスの直後に、動的な激しい映像が編集されたりすると、さらにさまざまな変化や効果が得られるのだ。

レンズ選択

最近ではiPhoneにも3レンズが搭載されたりしたが、ワイド、標準、長玉（望遠レンズ）など目的によって選ぶ。同じバストショットでも背景や被写体の見え方が異なる。

フレーミング

どう切り取るか。ＣＭの場合、基本は雑物を見せない。

カメラポジション

カメラ位置。地面に近いか、逆に上から撮るか。小津映画の場合、ローポジション、ローアングルが多く見られる。いわゆる天井の見える構図だ。

カメラアングル

カメラ角度で、上向きに撮る「あおり」とか、下向きに撮る「俯瞰」とか。グーグルマップのアングルは「真俯瞰」という垂線からの俯瞰図だ。

さらにムービーカメラというのは、ズームレンズでの寄り引きや、カメラ自身も動いたりして、さまざまな時間経過映像が作れるのだ。カメラが動くと、被写体の新たな部分が見えてきたり、狙いが絞られていったり、勢いが出たり、息づかいを感じたり、あれこれするのだ。

②パン(PAN):カメラを振る

カメラが水平の回転軸で、左から右またはその逆にカメラを振ること。上下の回転を「ティルト」とも言う。iPhoneなどでは自分自身が回転して擬似的なパン映像を撮ったりするが、本来は回転軸でのスムーズな横移動映像だ。これは地平の広がりを見せたり、パン終わりに大事なものを明らかにしたり、種明かしをしたり、とか変化を狙うことが多い。

③ズームイン・アウト:レンズの動き

レンズの焦点距離を変えるプロセスを動画として収録すること。被写体の眼球に寄った映像から、ぐいーんとその状況が明らかになる広角映像への変化といった種明かし的な動きはズームアウト。ゆっくりジワジワ寄り込むものを業界(なのか、僕の周辺)では「ジワズーム」と言ったりもする。

フォーカスイン・アウト:ピントの動き

ムービーカメラでのフォーカスを合わせるプロセスも映像的な手法になったりする。ぼやっとした輪郭の曖昧なモノが、急にピントがあって正体がわかったりする。主観の画では意識朦朧から覚める効果を狙ったりもする。

移動撮影

カメラ自体が動くことで映り込む映像の変化を効果とする映像。これには、滑らかな水平移動のドリー（移動車）撮影や、ダイナミックなアップダウンも織り交ぜるクレーン撮影や、荒々しい勢いを得意とする手持ち撮影や、もちろん最近ではドローンを駆使した3次元的な動きのカメラワークも登場するなど、実にさまざまな撮影方式がある。それぞれ簡単に、次から説明しましょう。

④ドリー（移動車）撮影

カメラをレールやゴムタイヤのついた振動の少ない台車に乗せて撮影する方式。ダイナミックな画角の変化や、動く被写体の併走撮影が可能に。ブレの少ない手持ち撮影をするステディカム（振動を軽減するバネのついたスタビライザー式カメラ）もこれらの移動撮影に近い効果がある。

⑤手持ち撮影

逆に、逃げる犯人を追うような勢いのある映像などに使われる、手でカメラを持って移動撮影する方式。ふだん皆さんがiPhoneなどを持って動きながら撮影することに近い。カメラを振り込んだときのブレや、ガタつきを逆に利用しようとするものだ。スタイリッシュなCMなどで多用される。

⑥クレーン撮影

大型のクレーンの突端にカメラを据え付け、街のワイドな俯瞰映像から、グーンとカメラダウンして、歩く人の表情まで寄るとか、極めてダイナミックな変化を狙う映像。大型クレーンが撮影現場にあるだけで、大規模感があって緊張したモノだ。だが、最近では、これらの移動撮影の多くを、ドローンが代用するようにもなってきた。

⑦ドローン撮影

コンピューターコントロールされたドローンの動きで、これまで諦めていたような映像も可能になったと言える。別の章でとりあげた「四季の金麦」の撮影もこのドローンの精緻な動きが可能にした。移動撮影の概念を変えつつあるのではないだろうか。この先が楽しみである。

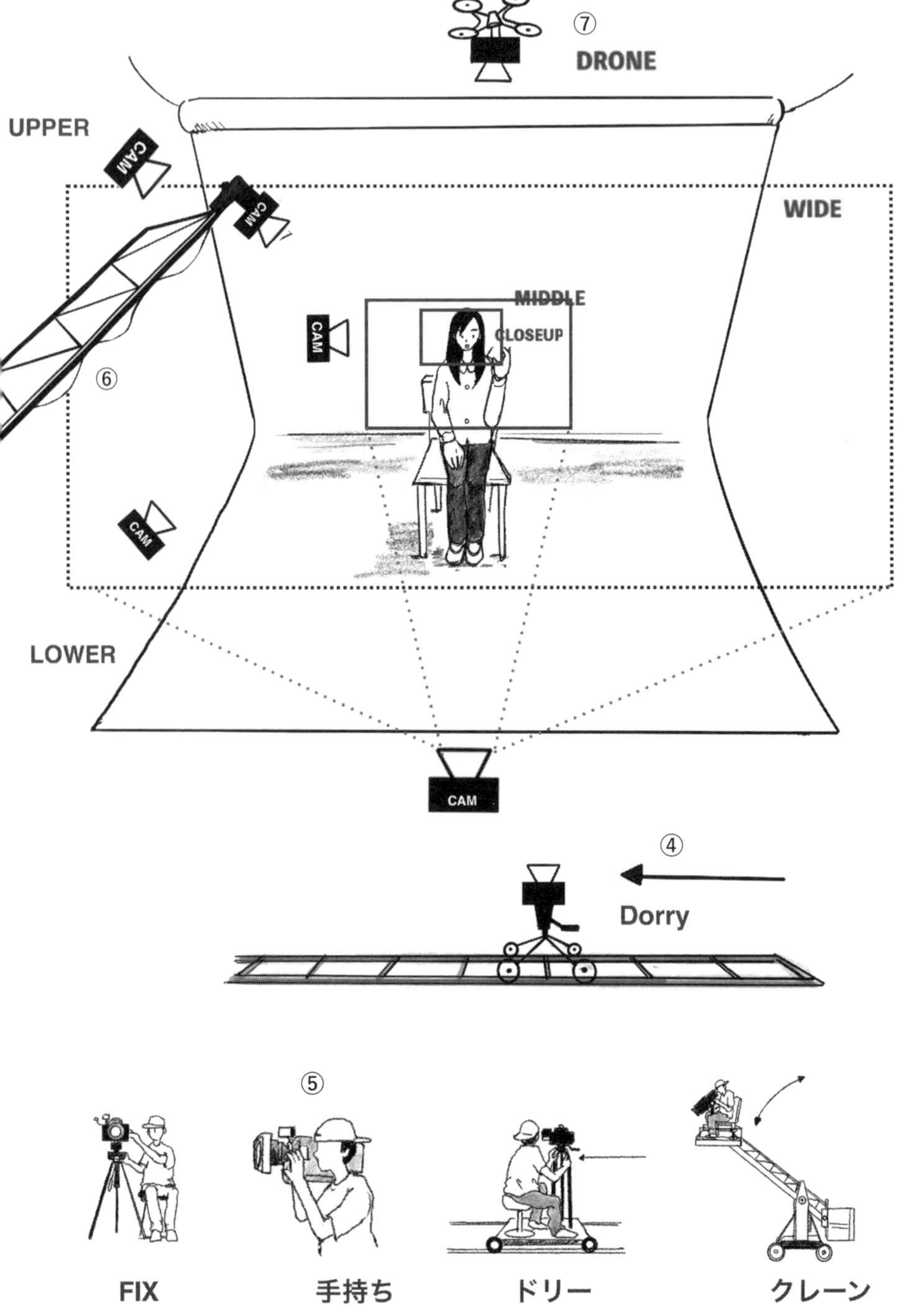
⑦
DRONE
UPPER
CAM
CAM
WIDE
MIDDLE
CAM
CLOSEUP
⑥
CAM
LOWER
CAM
④
Dorry
⑤
FIX
手持ち
ドリー
クレーン

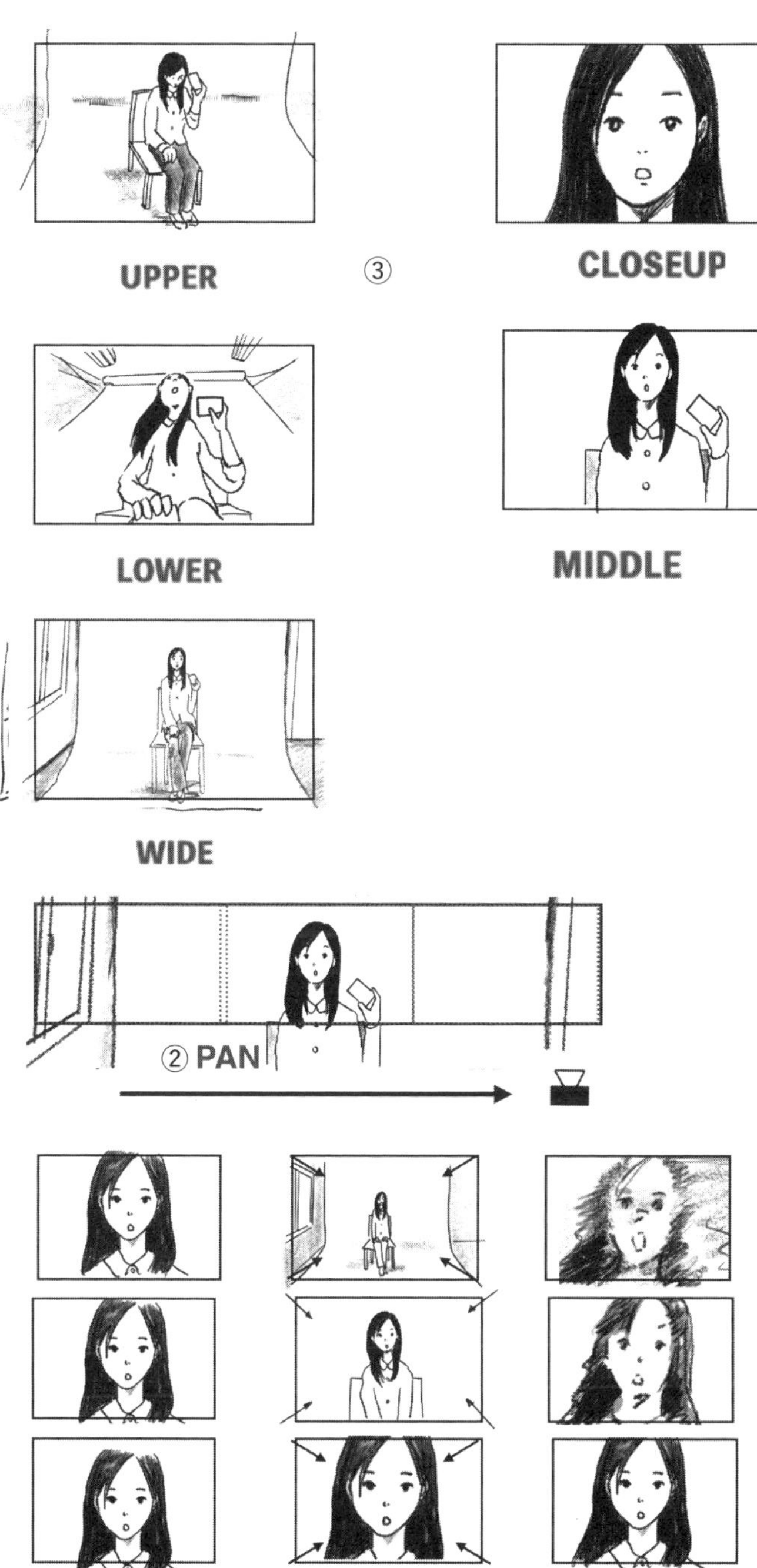
UPPER
③
CLOSEUP
LOWER
MIDDLE
WIDE
② PAN
① FIX
Zoom in
Focus in

❷ 安西俊夫さん

安西俊夫さんは75年電通入社だから、業界同期である。基本的によその広告代理店の人とは一緒に仕事をしたことがないので、よくはわからない。なのに、すごいと、何度も思った。古い家がシャベルカーで壊されていくのを見つめる家族のヘーベルハウスにしても、フジテレビの画面いっぱいが顔になるテレビ君にしても、「かっとびスターレット」(トヨタ自動車)にしても、キリンのオフサイド「できます/できません」にしても、超有名なJR東海「そうだ京都、行こう。」にしても、小学館「ピッカピカの一年生」にしても、「だれ、これ、つくったの」とプロデューサーに聞くと「安西さんです」と即答されたからだ。その時々にきわめて新しいことが詰まったCMばかりだった。悔しさと羨ましさが渦巻いた。僕の最高のカンフル剤で、勝手に言わせてもらえば、ライバルだ。

カメラマンの十文字美信[18]さんだったか、演出の中島哲也さんだったか。お2人ともだったか、「すごいやつがいるよ電通には」という言葉を発していた。しばらくして紹介されて会ってみると、なるほど、こりゃ頭良さそうだな、意地悪そうだし、一緒に仕事したくないなと思った。いや、部外者の僕にはたいそう優しいのだが、若いコピーライターには厳しそうだった。コピーで揉めると、一緒に録音スタジオまで連れていって、ナレーターの声で読んでもらいながら「ほら、音にすると、ダメでしょ、このコピー」とか嬉しそうに諭したそうな。しかも、それがいちいち的を射ているのだと。

数年前に「くろす君は、まだやるの?僕は、もういいから」と言って、さっさとこの業界を去った。『記憶劇場の楽屋から』[19]という素敵な趣味の本を残して。その本の冒頭に「主義」と「趣味」の音の近さと意味の違いを語っていたが、「構造趣味」って言い方が安西さんぽかったな。こんな同世代にいい刺激を受けたのは幸せでした。

18　写真家。広告写真などを撮りながら、40年以上、独自の作品を発表し続けている。コラム「すごい人に出会った7」を参照。
19　非売品。30代の頃に安西さんが書いたものなどをまとめたエッセー集。

❸ 岡康道さん

25年ほど前『岡康道の仕事と周辺』（六耀社）という本が出るので「なんか書いてよ」と言われて書いたら、「タイトル変えていい？」と。「失礼な」と思ったけど、新しいタイトルは「併走する友へ」と。年次は違うが同じ陸上大会の招待リレー（4継）に出場していた縁もあって「併走」って言葉か。さすが体育会系文学青年だ、僕の文章じゃないみたいにかっこいいうえに、友だなんて、なんか嬉しかった。

あるとき、競合会社の僕に「ちょっとスタジオ来てよ」と。日本郵船の企業CMの編集中で、中島哲也監督と2人で喧々囂々やっていた。議題は「このカリプソ[20]みたいなふざけた曲でいいのか」だった。シリアスな会話劇なんだけど面白いので「いいんじゃないの」と答えると「人の仕事だからな勝手なもんだよ」と中島監督。だったら呼ぶなと思ったけど、岡君は「黒須さんがいいというから、これでいいかも」と。

ある時期、一緒に会社をやろうとしていた。「外資が来るらしいから、2人セットで売ろうぜ」と。半年1年と過ぎて「話きた？」「いやぜんぜん」「自分たちで起こさんとな」と言っているうちに、TUGBOATの話に変わっていった。行動力が並外れている。発想力も。

岡君は「CD（クリエイティブディレクター）なんて向いてないし、つまらない。俺は終生CMプランナーだ」と言っていたけれど、人を巻き込んでたらし込む天才だから、ある意味スーパーCDなんだと思う。原石というか溶岩のような企画の基をもって、熱いうちに演出家に投げる。それに応える演出家たちもすごいけど、あの信念に満ちた方向指示能力がさまざまの傑作を生んでいるわけだ。

4年前に中島監督の還暦パーティで会ったけど、あれが最後でしたね。

20 カリブ圏で流行った陽気な音楽で、レゲエのルーツとも言われている。リズムは4分の2拍子。

③ シンガタに参加

おさらいすると。1975年に新卒で「博報堂」に入社。そのまま27年間CMプランナー&CDを続けたのち退社、電通にいた佐々木宏さんらとクリエイティブブティック「シンガタ」を設立して、ま、同じような職種を続けたのち、ひとり会社「クロロス」をつくって、そこでも、同じようにCMプランナー&CDを続けているというところです。

その長い道のりを振り返ってみて驚くのは、仕事の大小はありますが、やっていることが内容的にほぼ同じだってことですね。入社2〜3年目と48年目の今日と、仕事の内容とか機微とかやりがいとか、なーんも変わらない。なんてことだ、成長がないのか、研鑽がないのか、いいや、ということよりも、むかっているワクワク感とか面白さが、変わらないってことですかね。それくらい、CMプランナーって仕事は、合ってたのかもしれません。

シンガタが誕生する前数年はかなり、右往左往してました。TUGBOATの故・岡康道君とは、いろいろ仕事がかぶったり対比されることも多く、中島哲也さんを介して仲良くなって、2人でいろいろ画策しておったのですが、結局、なんの話も来ずに、じゃあ、自分たちでやるかと、タグの前身のプロジェクトを始めたりしました。

その前後も、安西俊夫[21]さんや佐藤雅彦[22]さんから電通に来たらとか誘われたり、大島征夫[23]

さんや山本高史[24]さんのフロンテッジ構想に参加したり、あれこれ動きはありましたが、結果、佐々木さんからの一声が大きかったですね。「僕とやった方がいいと思いますよ」と。

シンガタに行った頃は「HからD系に来た奴」とか「プレステの人」「ローソン通りを造ったらしい」「くろしゅでしゅっ、て発音するんでしょ」とか言われたようですけど、ある種の異文化からのちん入者だったのかもしれない。シンガタでの最初のプレゼンの時に、クライアントの目線よりも強く感じたのは、佐々木さんやアカウントプランナー 松田康利さんなどの電通から来たメンバーの目線だったもの。

よく電通と博報堂の違いを聞かれたりする。たしかに双方の内側にどっぷり浸かった経験のあるCDって、多くはないだろう。といっても、大きな違いがあるとも思えない。逆に、出自も異なれば、相互関係もほとんどないだろう両社のやり口や人材が、おおむね似通っているのは驚きだった。クリエイティブに関して言えば、博報堂はデザイナーに厚くて、電通はCMプランナーに厚いような気はする。ま、そんな気がするってだけですね。羨ましかったってだけかもしれない。

21 電通のクリエイティブディレクター。コラム「すごい人に出会った2」を参照。

22 電通でCMプランナーとして、サントリー「モルツ」、湖池屋「スコーン」「ポリンキー」「ドンタコス」、NEC「バザールでござーる」などを制作。現在は、東京藝術大学名誉教授。

23 電通でクリエイティブディレクターとして活躍したのち、2005年にコミュニケーション・デザイン会社dofを齋藤太郎氏と共に設立。

24 電通退社後、コトバを設立。コピーライター、クリエイティブディレクターであり、関西大学社会学部教授。

モノローグ

これまで出会った企業やブランド

これまで、実にさまざまな業種を担当してきた。自慢じゃないけど、その時代を象徴したような商品や企業と次々と、出会った。その出会いは、CMプランナーの楽しみでもある。かつて博報堂の1年先輩であった、故・小沢正光[25]さんとは、その方法論やアウトプットの仕立てや味わいが正反対とか真逆とか言われていたのだが、けっこう仲良かったし、尊敬もしていた。一番すごいなと思ったのは「来た仕事は断らない」の姿勢。なるほど、それはフェアだなと思ったので、僕も、そこだけ真似してみた。じゃないと新鮮な出会いはないのだとも、知った。

ほぼ50年の間に、出会った商品やブランドを、並べてみる。

世界一コンピュータ企業の日本法人、初の薄型生理用品、中高生向けの基礎化粧品、万年最下位球団のネーミングと業界初CM、業界3位のコンビニエンスストア、酒税改正でお求めやすくなったブランデー、ドライな息吹に首位を譲った日本の古典ビール、化粧品会社が注力した高機能シャンプー、日本一有名なトマトジュース、初期型のポケットベル、ケータイテレビ電話、風呂場のカビ落とし、エステの超有名店、電気会社のゲーム機、一番人気のチョコレート、朝シャンブームの先駆け、形状記憶シ

25 アサヒビールや日産自動車、アップルコンピュータなどをはじめ多くの広告キャンペーンを手がけた博報堂顧問・チーフプラニングオフィサー。2016年逝去。

ャツ、国有鉄道のブランド広告、パスポートサイズのビデオ、アロエ入りヨーグルト、電磁治療器、若者の保険、フラバンジェノール配合の健康茶、ビール系新ジャンル、関西キー局の番組宣伝、日本最大ショッピングモールのブランディング、衛星放送、スマホゲーム会社、ああ、もう書き切れん、ま、そんなこんなで、飽きないほどの量でした。いまも、一番人気のゼリー飲料、老舗そうめん、と続いています。幸せなことだね。

同じジャンルだから同じ「やり口」が通用するかというと、そんなことはない。ただ、同じ企画、つまりボツ企画を置き換えて提案することは、けっこうある。3回やってみて、ダメだと、諦めた。

これまで、基本的な「やり口」を紹介してきましたが、実際の仕事では、それらがいくつか交錯したり、超ベーシックに「なにもしないやり口」であったり、途中で「やり口」を変えてみたり、あれこれ掛け算したりと、いろいろです。次の実践編では、それらを事例ごとに復習してみましょう。

実践編❶

情報を伝えようとする態度

基礎編で、広告というのは、商品やブランドの情報やイメージをお伝えするものである、と書きました。それはその通りで、そこから逸脱することは、めったにない。金融業界であるとか、お酒とか、薬とか、いろいろな法律や委員会があって、そのままに言えないから、屈折や婉曲を表現にすることはあるけど、それぞれの商品の広告には「情報をお伝えしようとする態度」が必ずあるのだ。

そもそも「態度」というのは、横柄なとか、生意気な、とか、いじけたとか、ネガティブな言葉によく似合う。そう、態度の良くない広告ってのが多いのだ。高飛車だったり、ウソっぽかったりも。その態度が嫌悪されたり見透かされたりするからだ。そこを、できるだけ、誠実に落ち着いて伝えたいなと、思う。デカい態度でぶちかますより、情報を静かにそのまま置きに行く感じが基本だと、思う。

ストレートトーク

正面からモノを言いつつ、その言外の意味を感じさせる

ＣＭの基本は、ストレートトークだと、誰かに教わった。あのサントリーレッドの名作を生んだＣＤ藤井達朗さんも同じようなことは言っていた。「くろすー、困ったらこれやで」と、図を描きながら「バストショットで、商品もってしゃべるんや。間違いはない。あとはなにを喋らすかやで。つまらんかったら、あかんやけどな」。たしかに、その通りだ。ストレートトークを定義すると、こんなことか…「タレントが商品もってカメラ目線で、リップシンクロで商品のスペックを蕩々と喋る」。

しかし、一般的に「ストレートトーク」はつまらない。「こんなん、ただのストレートトークじゃないですか」と、若い人に言われたこともある。クライアントのオリエン資料通りに喋ったら、確かに面白味がないことになる。ＢＳの通販番組的な取説のようなスペックを紹介してからの「すごい」「おいしい」「うれしい」の連発は、そりゃつまんないのだ。想像以上に想像通りだからだ。

だけれど、ストレートトークであっても、その喋る人の「人格」を感じたり、ちょっと風変わりな「視点」で綴られたりしていると、人は、聞き耳を立てるものである。この人は、どんな人で、どんな状況で、どんな心象で喋っているのか喋らされているのかを、知るだけで、面白さ、というか「ひっかかり」が生まれる。つまり気になる、ＡＩＤＭＡの「興味」である。

長塚京三さんにフランスの大学教授風の役柄で出ていただいたサントリー「フラバン茶」のＣＭ。これはなかなか気にさせ上手の、ちょっと変わった味わいのＣＭになった。ストレートトークなのに。

長塚京三さんが出演したサントリー「フラバン茶」のCM

「松林」篇

（海岸近くの松林で切株に座りながら）
長塚：こんな厚い松の皮から採れる
　　健康成分フラバンジェノールには
　　「摂取する」という言葉が似合いますが
　　フラバン茶は緑茶ですから
　　「飲む」が似合います。
フランス人女性：flavangenol
NA：一日一本サラサラに
　　サントリーフラバン茶
　　緑茶です。
長塚：お求めはコンビニで。

「登場」篇

長塚：えー、これはフラバン茶。
　　ここはフランス西海岸
　　この地方の松の樹皮から
　　採れる健康成分はフラバンジェノール。
　　フランス人が言うと…
フランス人女性：flavangenol
長塚：はい
NA：一日一本サラサラに
　　サントリーフラバン茶
　　緑茶です。
長塚：お求めはコンビニで。
フランス人女性：oui

　このフラバン茶というのはなかなかすごい商品で、フランス海岸地方に生息する松の樹皮から採れるポリフェノールの一種が作用する。欧米では昔から若返り系とか血液さらさら系の効果があると言われているが、日本では効果が確認されていないため言明はできず、かなり表現が絞られた。そこで。長塚さんになんかよさそうな、本物感があるムードを醸し出していただいた。さらにパリ・ソルボンヌ大学を卒業された長塚さんには、「フランスの大学で教鞭を執るうちょっとエッチな大学教授」という設定を置いて、効果感・本物感を演出した。その効果はもちろん本物なのだが、薬機法の関係で言い方が難しい。効き目や効果をストレートには言えないのだ。「摂取」というコトバを置いて、「摂取」が似合うとか、「フラバン茶三段論法！AはBである。BはCである、よって私は、サラサラ」とか、正面からモノを言いつつ、その言外の意味を感じさせるという技を用いたのだ。かなり、感じてもらえたようで、CM投入後はだいぶ売れた。直球が通じたのだ。

オフナレ主導
モノローグをからめるとグッと冴える

　蒼井優さんは雑誌『ニコラ』（新潮社）で発見した。映画『リリー・シュシュのすべて』や『花とアリス』（共に、岩井俊二監督）の芝居を観て声を聴いて、こりゃもう、なにがなんでもCMに出てもらいたいなと思っていたら、蒼井さんが二十歳の時に運良くAEON CARDのCMをお願いできた。人生とか、お金とか、毎日の暮らしなどと深く関わるカードのCMに、蒼井さんのリアリティーと生活質感はピッタリだなと。

おだやかな素顔と口調に「損と得」とか「お金」とか「物欲」という、ザラっとした現実的なテーマを語ってもらおうと。ニュートラルに飾らずにその話法開発に取り組んだのだが、話法が特徴的な映画を想い出した。『アルフィー』という英国映画だ。

オリジナルはマイケル・ケイン主演。リムジンの運転手をしているやんちゃなモテモテ男の軟派日常のストーリーだ。その特徴は、客観映像のドラマを演じていた主人公アルフィーが、あるキッカケで突然カメラ目線になって視聴者に語りかけるというもの。抱き寄せた女が悦に入っていると、「…

AEON CARD「買い物」篇

店員：最後のおひとつなんですよ。
蒼井（モノローグ）
　：カードを使うとき、瞬時にいろんなことを
　天秤にかけます。
　必要と不必要、出費と残金、後悔と期待
店員：絶対にお似合いだと思います。
蒼井（モノローグ）
　：確かにかわいい。
　あ、でも今日は10日でポイント5倍。
　損と得。
蒼井：そうだな…
蒼井（モノローグ）：毎日AEON CARD
蒼井：じゃあカードで。

女ってのは、いつもこうだ」と画面に向かって同意を求めるのだ。ジゴロならではの目線。それがチャーミングで、映画もヒットした。のちにジュード・ロウがリメイクしたけれど、その話法はさらに磨きがかかっていた。その突然のカメラ目線を応用してみたいなと思い、そんなコンテを蒼井優さんのAEON CARDのCMで仕立てた。

ワンカット撮影でいくと、どうしても話が長くなってしまうので、関谷監督はモノローグのカメラ目線だけアップショットにして、客観映像にインサートしようと提案してくれた。これが、見事にあたって、本音と建て前が交錯した15秒CMができあがったのだ。「…あ、きょうはポイントが5倍」と気づくときだけアップでカメラ目線なのだ。これは、大正解。強い。このインサート手法は、興味を引きつつ、押し込んでくる。さすが、関谷さん。

主力商品感1
主力商品だから力を入れてる感を出す

ストレートトークの中でも、直球に近いものも、いくつかやった。おもしろいとかでは、ないのだが、伝わるのだ。なにがって、その商品の立ち位置とか、重要性とか、売りたさ具合とか。

「スーパーマイルドシャンプー」という、資生堂の量販シャンプーの仕事を、ネーミング等からお手伝いした。80年代末。シャンプー市場はふけとりや香りなどの付加機能競争の最中で、資生堂は当時、サロン系の高級シャンプーや「恋コロン」という愛称の若者向けシャンプーは出していたものの、メ

資生堂「スーパーマイルドシャンプー」のCM

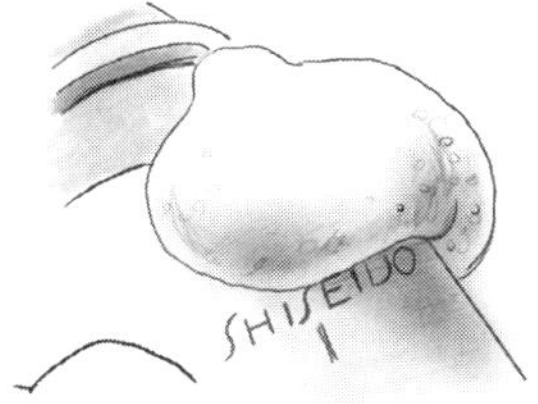

「おさらい」篇

(シャンプー後のタオルドライしながら)
小泉：スーパーマイルドの、おさらい！
まいにちまいにち
だれにでも
とことんやさしい
NA(小泉)：まいにちがんばるAMT
資生堂スーパーマイルド
シャンプー

小泉：キレイな髪はやめられない。

「デビュー」篇

(パッケージ持ちながら)
小泉：小泉今日から、
これを、シャンプーといいます。
NA(小泉)：新成分AMTが、がんばってる
資生堂スーパーマイルド
シャンプー、誕生

小泉：このシャンプーを信じなさい。

ジャーなどまんなか商品はなかった。そこに、まんなかに「ドカン商品」（博報堂CD 安藤輝彦さん[26]の口癖。市場のどまんなかを獲る作戦とも）、シャンプー本来の基本機能に特化した商品を出すというのだ。しかも、研究に研究を重ね、一部の高級商品で使われていた「タウリン」という成分をお手頃シャンプーに投入したのだ。さすが資生堂。試作品を使ってみると、ゴワゴワのあたまの僕でも、手ぐしでわかるほど、なめらかな仕上がりであった。すごい商品力。パッケージデザインもシンプルで高機能感が伝わる秀逸な仕上がり。

社運をかけたというか、「まんなかにドカン」作戦の商品の広告というのは、その「見かけ」に「オーラ」を持たなければならない。それが「主力商品感」である。資生堂が総力を挙げて、超いいシャンプーを、お手頃価格で、というココロを、広告がお伝えするのだ。

そして、その見え方づくりには、なによりタレントが重要だ。一番活きが良くて、コトバのキレが良くて、みんなが大好きなひと、そうだ、キョンキョン（小泉今日子さん）にお願いしよう！という安直な流れで決定した。画にチカラがある、説得力がある、浸透力がある、強い。

「よそのシャンプーはまねしないでください」「このシャンプーを信じなさい」とかとか、ある種の強気言葉で、広告ではあまり使われない挑戦的な口調を連発した。流行ったのは「さわってもいいよ」と言って、むこうに走り出すやつだったけど、なんか、王道感というか、屋台骨感は伝わった気がする。その後もこの商品はかなり君臨していたかと思う。

26　自動車から家電、ビール・飲料、美容製品に至るまで、企業のマーケティング課題に応えるクリエイティブ施策を長年にわたりクリエイティブディレクターとして担当。博報堂取締役専務執行役員、博報堂プロダクツ代表取締役社長、大広チーフクリエイティブオフィサーなどを歴任。

主力商品感2
肉声の重みのあるストレートトークは、強い

藤井達朗さんが教えてくれた、ストレートトークの基本やり口のまんまの構造でつくったのが、キリン「ラガービール」証言シリーズ。カメラ目線で、自分とキリンラガービールとの関わりをリップシンクロで語る。15秒に収まる短文で。話者を次々と変えていく。作家、映画監督、フォークシンガー、女優、風刺漫画家、コラムニストなどなど、一家言を持った人々だ。強い人が、強い目線で、強い言葉を綴る。自信に満ちあふれた広告は、まさに大型商品の「主力商品感」どまんなかアプローチだ。

この強さは僕のトーンではないのか、「ああ、あれ、黒須さんもやってたんだ、意外」とよく言われる。確かに、キャッチコピーや筆書もふくめた中軸コンセプトは、安藤輝彦ＣＤや、コピーライター八幡功一君やアートディレクター笠井修二君らによるもので、僕は「こういうものは、潔くやった方がいいのよ」とか「基本中の基本だからブレない方がいい」とか傍観的な品質管理サジェスチョンをしてた感じですね。ただその喋る内容や言いまわしに関してはピリピリと気を配っていた。

著名人が肉声で自らの体験や思いを語るのだから、ウソっぽいのが一番ダメだなと。ご本人が書く場合もコピーライター陣が書いた原稿を選んでもらう場合でも、言わされている風とか、こういうものはこう言えばいいんでしょ的なニュアンスは、極力排除した。その喋りのテイクをつぶさに吟味して、間を置いたり、言葉になっていない箇所を編集したり。

なかでもココロに沁みたのは遠藤周作さんと大島渚さん。緊張なさっているのか、声が震えていて、

著名人が多数出演した「キリンラガービール」のCM「証言」シリーズ。

「大島渚」篇

大島：キリンラガーを40年
　　飲んできた。
　　これがうまくないとしたら、
　　俺の人生は一体
　　なんだったんだ。
SE：シュワー
S：ラガーには味がある。
NA：キリン ラガービール

「遠藤周作」篇

遠藤：キリンラガー飲んで、
　　どんどん嫌味言って
　　どんどん嫌われる
　　爺さんになりたい。
SE：シュワー
S：ラガーには味がある。
NA：キリン ラガービール

「つかこうへい」篇

つか：わたくしも大人です。
　　広告に出た以上、死ぬまで
　　キリンラガービール以外は
　　一切飲みません。
　　ホントの話です。
SE：シュワー
S：ラガーには味がある。
NA：キリンラガービール

ご自分の書かれたコピーを棒読みしていた。それが、良かった。すごく。心の底から喋っている。逆に、つかこうへいさんは、したたかに言っている、そのリアルさが素敵だった。

等価値感
広告＝商品という気分「小梅ちゃん」のCMは見ているだけで甘ずっぱい

難しく言ってみたが、わりとシンプルな話だ。そのCM自身が、その商品と重なるというか、その商品そのものな感じがする、ということだ。ロッテのキャンディ「小梅」がその筆頭。

このCMはコラムで述べた僕の新入社員時代に直属の上司だった富田良彦さんの富田ワールド全開の仕事だった。「小梅」のCMには、いくつもの発明がある。

1　「小梅」という商品名と同じ名前の「小梅ちゃん」という、恋する乙女を商品キャラに置いたこと。
2　大正ロマンの世界観を下敷きにしたアニメキャラを、イラストレーター林静一[27]さんと開発したこと。
3　バンド「ズー・ニー・ヴー」の町田義人さんに「小梅ちゃ〜〜ん」と切ない声でシャウトしてもらったこと。
4　「好き」と「すっぱい」の頭文字で「す」の吹き出し文字を置いたこと。

27　イラストレーター、漫画家、アニメーション作家。女性の横顔を描いた優美な作品で知られる。

僕が企画、コピーで参加したロッテ「小梅」のCM。

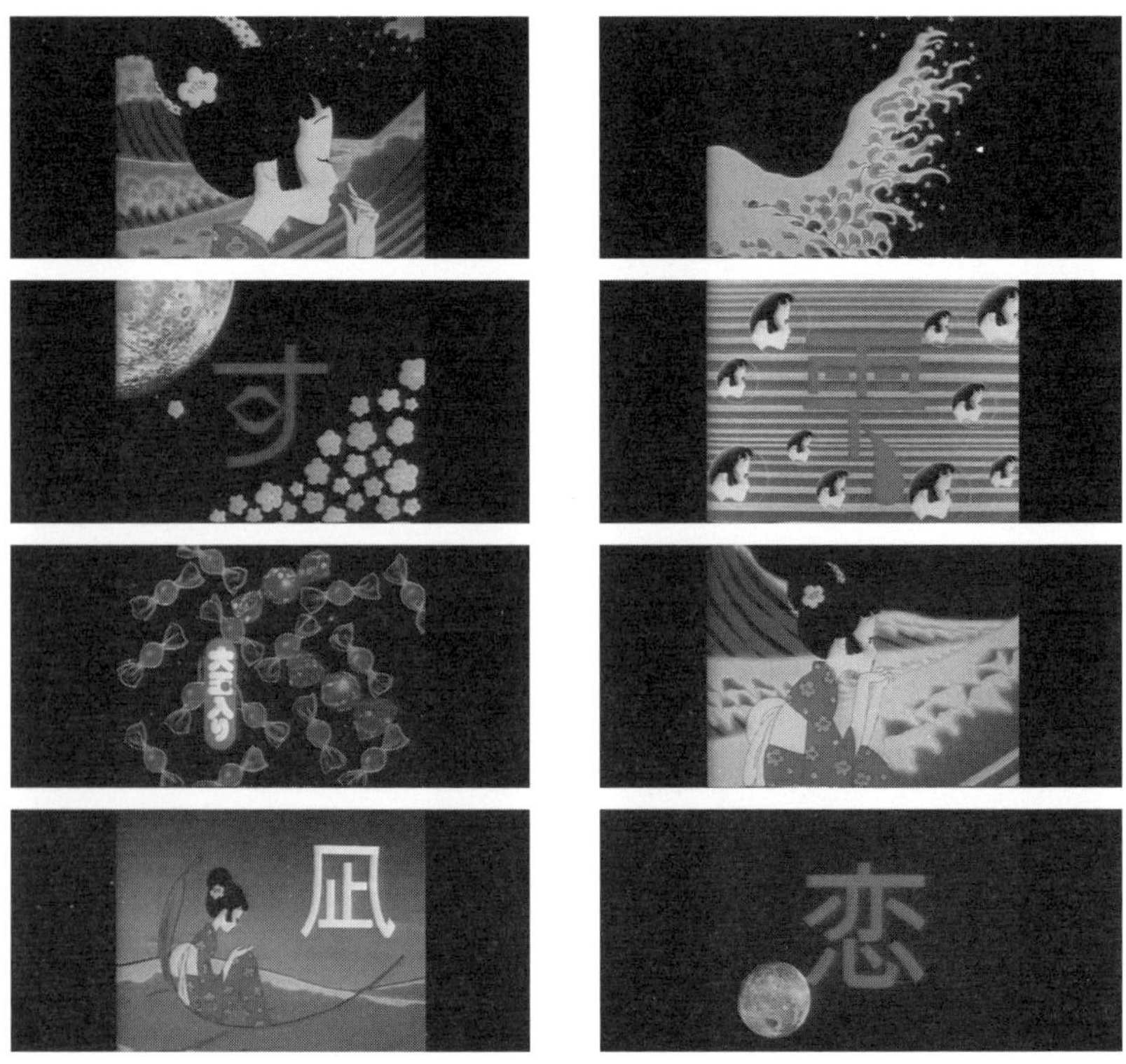

M：♪～
雫　きらりと月となり
片恋揺れて水鏡
す…とためいき貝になり
ああ、笹船どこへ
朝の凪

5　作曲家すぎやまこういちさんに、15秒で秒殺する切ないメロディを書いてもらったこと。
6　「す」の延長線上で大胆にタイポグラフィを取り込んだこと（ここは僕も貢献した）。
7　そして、なにより、そのCM世界が、あめ玉一粒に集約するイメージを置いたことだ。

富田さんの曼荼羅のような企画書にそれが凝縮していた。B全ボードに目一杯、商品性と世界観と思いの丈を綴ったその1枚の中心には、あめ玉が描かれていたのだ。CM＝商品ということの1枚画。それは、たぶん、富田さん自身も気づかれていなかったと思うが、ブランドイメージ広告というものの先駆だったのかもしれない。ブランドや商品が持つイメージをCMが体現する。「小梅」では、あまずっぱい味感に青春感と色彩世界をまぶした15秒の時間が人々を魅了したのだ。いまで言う優秀な「ブランド広告」の働きを、50年前に提示していたのだから、すごいな富田さん。

僕は、その制作に向かう心意気と、企画書の姿勢と、自分のブレーンを持つことを、富田さんから教わり、そのあと何本かの小梅ちゃんをまかされて担当した。

❹ 藤井達朗さん

「博報堂に藤井あり」と言われた伝説の人。

「日清のどん兵衛」や大原麗子さんの「サントリーレッド」などメガヒットの連続で、すごいなあ、博報堂ＣＭは西高東低だもんなあ、かなわんなあ、と思っていたら関西の藤井さんが東京勤務になると。東京の青白いプランナーの尻をタタキに来ると。いやだなあ、当たらないように、と思っていたら、どんぴしゃで当たった。藤井さんのワンオブ弟子というか手下になった。

藤井さんは企画もコピーも巧みだったけれど、企画メモというのが秀逸だった。前書きだ。およそ広告教科書的なことからはかけ離れた、感覚的な気分的なメモ。「街の空気」というお題からなんとなく世の中を語り、街の人々が食いつくことをさとし、その企画が必然のように導く。魔法だった。

褒められた記憶はない。ピップエレキバンの仕事では東京駅脇にあった博報堂東京ビルから、新大阪駅近くのピップ本社まで、新幹線で往復したのだが、プレゼンに向かう車中で突然「黒須、やっぱ、あれ、あかんわ。マーカーあるか」と前日ようやくＯＫが出て仕上げたコンテボード（当時、最終的なコンテはＣＤの藤井さんが描いていたので、僕らの企画はコンテ屋さんである藤井さんのＯＫが必要だった）の裏面に、すらすらと全く違う視点のコンテを描き始め「これで、プレゼンしいや」と。無茶苦茶怒った、けど、従った。

そんな食い違いが続いたある日、廊下ですれ違い「黒須の顔なんて見とうないわい」「僕だって」と言い合った直後に入院され、ベッドで「資生堂の仕事、おまえがやれ」と引き渡された。その仕事でのハワイロケの最中に、僕の父が亡くなり、その葬儀の場で、藤井さんが亡くなったと報せがあった。喧嘩したまんまだった。悲しい。

❺ 市川準さん

業界の都市伝説のひとつに「市川準は藤井達朗の生まれ変わり」というのがあった。まったく根も葉もない噂だったが、たしかに風体が似ている。白髪のひょろっとした声の小さな壮年というか初老の、というあたりまでそっくりだった。しかも藤井さんが病に伏されたあたりから市川さんは台頭してきたのだ。めきめきと音を立てて。作風は微妙に異なるのだが、人間を凝視しているところは、同じだ。

市川さんとは、つかず離れず一年に一度くらいのペースで、仕事した。企業広告あれこれ、ドコモのケータイ家族物語、斉藤由貴さんの朝シャンなど。印象的だったのは、コンテの画だ。線が曖昧なのだ。ふわっと佇んでいる。カメラを見ている、そして、口はない。人肌というのか、あきらかに存在する人物のぬくもりがあるのだ。『東京オリンピック』の市川崑監督のコンテで、人がひと筋の線で描かれていたのに近い。

市川準さんは当時、映画をやりたがっていた。脇にいてビンビンと感じた。ある時、東芝の長尺企業ＣＭで青春の同世代ものをつくることになり、藤沢の高校校舎を夏休みに１

週間借り切って、ラグビー部の男子3人組の青春模様を撮りまくった。市川さんはカメラの長谷川元吉さんに手持ち・長回し・併走を要求していた。超ローアングルの併走激写ラッシュを見て「おー、ペキンパーだぜ」とご満悦だった。確かに回しに回した。オールラッシュ（現像した全フィルム）は100分近かったもの。プロデューサーは胃がキリキリと痛んだろうがお構いなし。その膨大なフィルムを前に「あー、60秒にしなきゃいかんのか、映画にできるのにな」と。

数年後、市川さんは『ノーライフキング』をクランクインしていた。そのすこし前に「あ、そうだ、黒須さん、数学の先生役で、映画出てよ」と言われた。極度のあがり症の僕は丁重にお断りしたら、数年後の試写でその役を佐藤雅彦さんがみごとに演じられていた。市川さんも、その方が良かったと思っていたことだろう。

実践編❷

風景描写という考え方

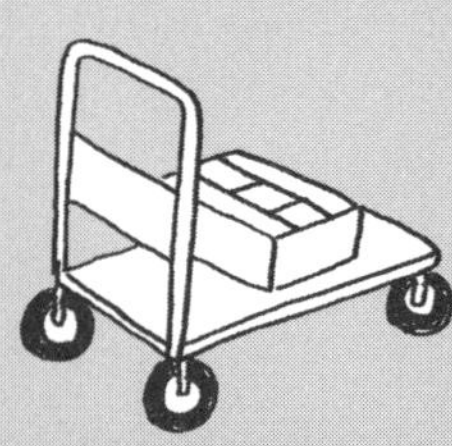

数あるCMの中で目立つには、大声を上げたり派手な爆発をさせたりの「押し」も一手だが、逆に「引き込む」という手もある。気にさせる。静かな淡々とした風景、なにげなく商品がおいてあったり、人が慣れた手つきで商品を使っている様子だったり、それだけを抽出してフォーカスすると、逆に気になったりするものだ。普通の温度感で、ちょっと気になる素敵な「商品風景」を探すことも、表現の入口だと思っている。

ミシェル・ゴンドリーのエールフランスの名作CM「Le Nuage」は、そのピークだ。ひとことも語らずに、静かな音楽と映像だけ。空と、雲と、静かな時間をカメラはゆっくりパンする。子どもたちは綿菓子のような雲と戯れる。その柔らかな雲が広がり、ベッドで休もうとする女性を受けとめる。静かな時間。車の上に積もった雪を落とすと、その上をスーッと行く飛行機とエールフランスの文字。ああ、字コンテは難しいな。言葉はなにひとつないけれど、エールフランスの飛行機に乗っている雰囲気とか、上質感とか、おだやかさとか、無言で、表現しているのだ。

ああ、こういうのが、できたら、いいな。とは、思った。

商品風景1　「野菜生活」の定点観測は新しかった。

「商品風景」という言い回しを、僕はよく使う。そのままの意味だ。

商品のある風景、造語でもなんでもないが、企画するときのきっかけ（トリガー）として、有効だと思っている。その商品の「置かれている風景」とか「その商品が使われている風景」、もっと言えば、「その商品が、一番輝いているとき」を思い描いてみるのだ。そんな風景描写は、自分の生活経験値が反映されてしまうので、少々気恥ずかしくもあるから、人に見せないこともある。

カゴメの「野菜生活」のCMでは、そんな点描をしてみた。「定点観測」という、CMには珍しい手法で。ハーヴェイ・カイテル主演の『SMOKE』（ウェイン・ワン監督）という映画がヒントだった。街角のたばこ屋で起こる日々の出来事を綴った名作だが、定点観測と呼ばれていた。その映画のカメラは寄ったり引いたり、場所移動したりしてるので、厳密に言うと定点でもないのだが、こっちは固定カメラアイにしてみようと。テラスから土間で庭に抜けたリビングに、「野菜生活」を冷やしているであろう冷蔵庫を置いて、その脇にカメラを置いた。そこで、その家の主である篠原涼子さんが、同一の画角の固定カメラの映像内で、うろうろしたり、泣いたり、電話したりしながら、冷蔵庫から「野菜生活」を出して、飲む。別の日には、近所の子とキャッチボールしたり、床に出っ張った釘をトンカチで打ちつけたり、土砂降りで洗濯物取り込んだり、近所の作曲家のオジさん（鈴木慶一さん）が新曲を披露してくれるのを聴いてあげたり、机でうたた寝したり、寝間着で寝ぼけてたり、そして、たまに「野菜生活」を飲む。

女子マラソンの単独提供で3時間あまりの放送時間内にCM枠が何度も何度もあったから、そうした「野菜生活のある日々の風景」を綴ったのだ。その時放映したＣＭは30タイプあまり。撮影は、ライティングや設定や服を替えて1日で撮影した。篠原さんおつかれさま。マラソンの放送後はスポットでも流れて、かなり話題になったＣＭだ。同じ画角での微差の30タイプは、大層珍しかったのだ。

カメラを固定し、定点観測的に室内と登場人物を撮影した
カゴメ「野菜生活」のCM。特別番組枠での放映で、30タイプほど制作。

「近所の青年」篇

（テラスに近所の青年が立ち寄る）
♪～
青年：すぐ側まで来たから
　　…ここんちの庭、好きだし…
（篠原さん、冷蔵庫から野菜生活をとりだして彼に）
篠原：はい。
NA：野菜生活、始める。
　　カゴメ野菜生活100

「デビュー」篇

（風呂上あがり、タオルドライしながら
冷蔵庫から野菜生活を取り出す）
NA：野菜生活、始める。
　　カゴメ野菜生活100

「新曲」篇

（近所のオジさん、ギターを弾きながら現れる）
♪～
篠原：あ、宮田のおじさま、こんにちは
宮田：涼子ちゃん、
　　良かったら、新曲聴きにきませんか。
篠原：え、今からすぐいきます
（篠原さん、冷蔵庫に）
NA：野菜生活、始める。
　　カゴメ野菜生活100

「雨」篇

（近所の少年と野球していて
少年が拗ねているところに、雨）
♪～
篠原：あ、雨だ。入ろう。
（少年に）
　　ケンちゃん濡れちゃうよ…
（冷蔵庫に野菜生活をとりに向かう）
NA：野菜生活、始める。
　　カゴメ野菜生活100

商品風景2　そーめんをつくりたくなる風景を綴った「そーめん百景」

この春、そうめんの仕事をお手伝いした時、この「商品風景」発想が役に立った。そうめんは大好きで、ことあるごとに茹でるから、それを文章にしてみた。「そうめん百景」。風景だから、景色だから、目をつむって、思った景色だ。第一稿をそのまま、載せてみる。

第1稿

なんにも食べれないほど忙しかった。そーめん、茹でた。
金胡麻すった。そーめん、茹でた。
冷蔵庫がからっぽだった。そーめん、茹でた。
キンピラできた。そーめん、茹でた。
筍の煮汁が超うまかった。そーめん、茹でた。
豚しゃぶ余った。そーめん、茹でた。
冷蔵庫にネギ3センチみっけ。そーめん、茹でた。
昨日のカレーがあまった。そーめん、茹でた。
寒かった。そーめん、茹でた。
産みたて卵もらった。そーめん、茹でた。
法事は疲れた。そーめん、茹でた。
喧嘩した。そーめん、茹でた。

千切りがうまくなった。すこし。そーめん、茹でた。
海苔を炙った。そーめん、茹でた。
買い物はあしただ。そーめん、茹でた。
暑かった。ひやむぎ、茹でた。
姉が遊びに来た。ひやむぎ、茹でた。
サバ缶みつけた。そーめん、茹でた。
韓流ドラマにハマった。そーめん、茹でた。
かき揚げらしきものできた。そーめん、茹でた。
大根おろしは痛かった。そーめん、茹でた。
ベランダの大葉が繁ってた。そーめん、茹でた。
とりあえず、そーめん、茹でた。

そのままＣＭになったわけではないが、クライアントが気に入ってくれて、ＣＭシーンの原型となった。あ、そーめんはそうめんと直されたけど。

四季の金麦風景
CGでの空間設計とモーションコントロール撮影という試み

「石原さとみさんが、春夏秋冬の文字の間を抜けていきたいんだけど…」と、ディレクター箱田優子さんに相談した。

「金麦は季節ごとに味を変えている」という商品情報を聞いて想像したのは、四季の変化を描いたジオラマ。スノーボウルのように手のひらに乗せて楽しむようなイメージを置いてみた。ジオラマを一周すると春夏秋冬がめぐるような、桜吹雪に始まって花火に紅葉に雪にと、季節が巡るのだ。このイメージをどうCMに定着させるか、15秒の長さに切り出すか、箱田さんに相談した。

箱田優子監督は、東京藝術大学出身でアートやCG方面も詳しく、さらには、『ブルーア

四季の変化をひとつのCMで描くために事前に制作したイメージスケッチ

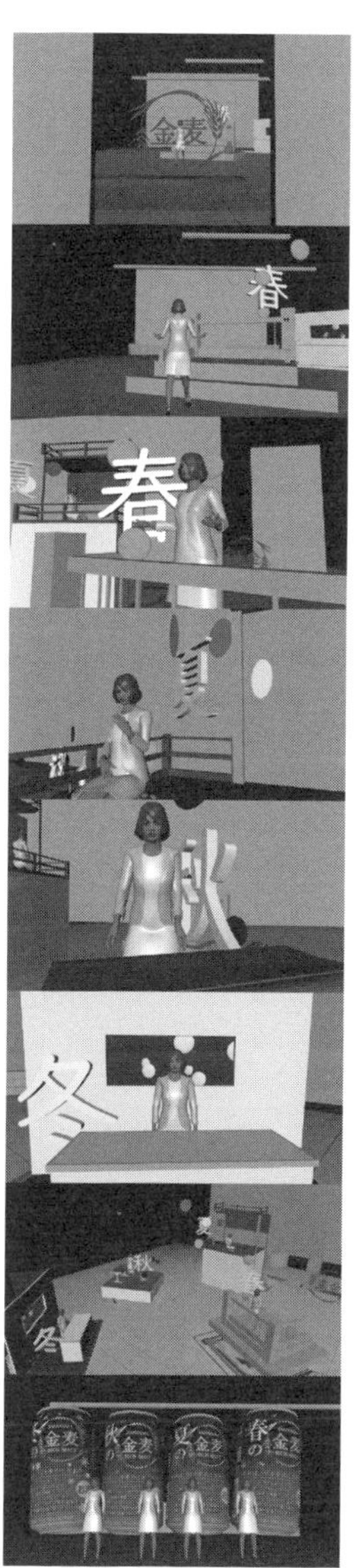

サントリー 金麦CM「四季の金麦」篇（左）と動きを検証したCG（右）

ワーにぶっ飛ばす』という人間洞察映画も撮っている、文武両道というかどっち方面も深い人で、ホントすごい。僕は大抵、勝手な企画をクライアントにプレゼンしちゃって、それを箱田さんに投げる。おもしろいのは箱田さんは、やっかいな仕事ほど目が輝くのだ。

箱田さんから参考映像が提示された。立体的な舞台での合成映像で時間と空間を操っている。僕もその前に観た舞台の、2階と1階のタテ空間移動も活用した舞台演出を参考にできないかと思っていた。決まりだ。立体的なカメラ移動で、春の石原さんから夏の秋の冬のへと繋がっていく企画に。

試しのCGもできた。すごい。金麦ロゴの文字間を抜けゆく30秒の移動映像。その4人の石原さんを実写化するには、モーションコントロールというCG技法が必要だが、カメラ軌跡が立体的で直線的なカメラ移動ではない。「ドローンだね」と。CMでは初めての方式をやってのけるスタッフの技量に感動した。春子・夏子・秋子・冬子の4人の石原さんが、次々と重複しながら、季節の中で季節の味を楽しみ、おいしそうに金麦を飲む様子が綴られる。こんなのはじめて、だった。

この企画のイメージスケッチ（P.128）も置いてみました。春夏秋冬の文字の間を石原さんがすりぬけていくイメージがすこしは出ているかなと。

日常の中の異常　人は、普通じゃないことに特に反応する

僕の仕事は、日常を描くことがすこぶる多い。それは、広告商品というものが、おおむね日本国内で発売され、ごく普通の人々が、日々使ったり、飲み食いしたりするものだからだ。さきほどの「野

菜生活」などは、なにも起こらない平凡な日常そのものの切り取りだ。あまりに淡々としているから、逆に目立っていたのだが、商品風景があまりに普通の場合、見過ごされてしまうことも多い。

そんなわけで、日常の中にひそむ「ささやかな異常」を探すことにも奔走した。映画『アメリ』（ジャン＝ピエール・ジュネ監督）で主人公が豆の入った樽に手を突っこんではエクスタシーを感じるシーンとか、かなり近い。異常だけど「わかるわかる」というあるあるだ。そんな類をあれこれと、このやり口はかなり数多くやった。

1　日清紡績／実験夫婦

日清紡績（現在は日清紡ホールディングス、以下日清紡）の形状記憶シャツのＣＭは「実験夫婦」というタイトルで始まる。毎日洗濯物や家事に関する実験をしているという夫婦の設定で、それがもう既に日常の中の異常である。タイトルと夫婦の行動が興味を惹く仕組みだ。ＡＩＤＭＡで言うなら、AttentionとInterestかな。今回の実験テーマは、洗ってシワシワになるフツーのシャツと形状記憶シャツとの比較仕立てで、最後にシワシワのシャツを着た太田光さん（爆笑問題）が「ずるいぞ、僕も着たいぞ」と嘆く構図。

2　ジョンソン／カビキラー

かなりの長寿ＣＭとなったカビキラーの「こすってらっしゃる」。おとなりさんが、風呂カビをこすっている音を聞いて、いてもたってもいられずに、カビキラーもってピンポンするという。カビキラーがこすらずカビを分解することをお伝えするのだ。外資系企業で外国人の方々にプレゼンしたのだが、「日本の主婦の友だちづくりがテーマです」と説明してからの制作。仕上がり時に「なにか説明と違う気がする」と言われたのだが、ＣＭがヒットしたので継続オンエア。監督は中島哲也氏。

3　サントリー／ブランデーＶ・Ｏ

ダウンタウンの浜ちゃん（浜田雅功）にフランス語を覚えてもらった。これは酒税改正でブランデー価格が安くなった時のもので、高級ブランデーがカジュアルになって庶民のもとへ、みたいなコンセプトだった。ブランデーと言えばフランス映画、カジュアルと言えば浜ちゃんという短絡的な企画で、浜ちゃんにフランス語を覚えてきてもらったのだが、発音も見事で相手役のフランス人女性もべた褒めしていた。日本語でやったらダサいコントＣＭになるところだが、フランス語が響き、映像が引き締まっていて重厚感があった。これも中島哲也氏と。

4　日清製粉／キャラット5つの味

キャラット5つの味は、分包タイプの猫のエサだ。分包なら、毎日違う味が楽しめて、飽きやすいはずの猫がなかなか飽きない、という効能を描いたＣＭだ。ストレートな企画だが、人間が猫役をやることで興味深い仕上がりになった。女優の立川宜子さんには飽きやすいわがまま猫を演じてもらったが、そのわがままぶりと、それに翻弄される飼い主役の益岡徹さんの情けない芝居とで、ずいぶん話題にはなった。ただ、猫好きの方々から「愛猫家を馬鹿にしている」とのクレームもあり、オンエア期間短縮に、残念。立川さんのじゃれるシッポはセル画のアニメ仕立てで、動きが楽しい。これも中島哲也さん演出でした。

ジョンソン／カビキラー(左)と日清紡／スーパーソフト(右)のCM。
どちらも日常の中の狂気のようなものを表現したCM。

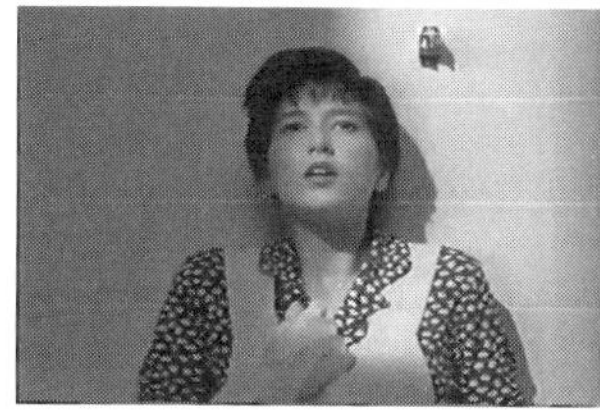

「またこすってるとなりの奥さん」篇

奥さん：あ、こすってらっしゃる
SE：シャカシャカシャカ…
(タワシで壁をこする音)
奥さん：もしかしておとなり
ご存じないんだ
カビキラー
黒ズミ・ヌルミはカビなのに
S：お風呂の黒ズミ・ヌルミはカビです。
奥さん：教えたい
カビキラー
でしゃばり？
こすってらっしゃる
おしえたい
出すぎたこと？
でも、いい
嫌われても…

SE：♪ピンポーン
奥さん：こんにちは
NA：こすらずカンタンすぐ終わる
お風呂カビ専用のカビキラー

隣の奥さん：キレイになったわ、ありがとう
SE：ピチョン(水滴の音)
奥さん：もう、こすらないでね
NA：ジョンソン

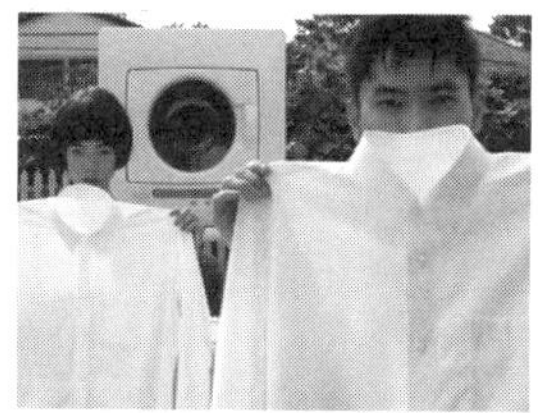

「実験夫婦」篇

夫：すまこ君
妻：実験するのですね？
夫：誰も見ていない。
妻：空が見てるわ。
夫：ニューコットンスーパーソフト、今日の実験材料。
妻：こっちは普通の綿？
夫：両方入れるよ。
妻：よーく見てて、何もわからない。
夫：もうすぐだよ。
SE：パン！(Yシャツを伸ばす音)
妻：お、スーパーソフトはほとんどしわがない。
夫：こっちはしわしわ。
着てみよう。
妻：スーパーソフトはしなやか。
夫：こっちはごわごわ、ずるいぞ。
妻：しなやか。
NA：…というわけでお手入ラクーの
ニューコットン。
日清紡のスーパーソフト。
夫：僕も着たいぞ。

5　ツムラ（現・バスクリン）／日本の名湯 三朝

次も、中島哲也監督との仕事だが、「日本の名湯 三朝」という有名な温泉の素だ。これは、妄想がテーマで、仕事中に「ああ、温泉行きてーな」「できれば女の子と」という山﨑努さんの妄想を丁寧に描いた。湯煙の立つ駅や、浴衣と下駄でのそぞろ歩きとか、日常からのワープが話題になった。山﨑さんはここで、中島哲也さんと意気投合したのか、そのあと、サッポロビールの有名作「温泉卓球」篇に登場していた。それも温泉でしたね。

6　ツムラ（現・バスクリン）／日本の名湯

同じ「日本の名湯」のCMを、その数年前にもつくった。その時は、セールスプロモーション企画と並行してのCM。そのため、そのセールスプロモーションツールがらみの企画になった。湯上がりポンチョとか、そこ踏んじゃダメマットとか、いろいろオマケを考えた結果、外国人がお風呂でアヒルを浮かべて遊んだりしている図を思い出して、動くアヒルちゃんをツールにした。チームのAD山田亜佐子さんデザインのアヒルちゃんは3D曲面で洒落ていた。CMの監督は山内ケンジ[28]さんで、「この企画ならぜひデニス・ホッパー[29]に」と主張され、打診したら、二つ返事でオッケーと。しかも「日本の名湯」とか「アヒルちゃん」という日本語が立つように、全篇英語（日本語字幕入り）での収録になった。おふろカウント機能もついていて、デニスがアヒルを浮かべて数を数えているだけで、超異

28　電通映画社出身のCMディレクター。現在は、舞台演出家、劇作家、映画監督としても活動。コラム「すごい人に出会った 14」参照。

29　アメリカの俳優、映画監督、映画プロデューサー。『イージー・ライダー』『ブルーベルベット』などで知られる。絵画や写真作品も発表している。

ツムラ「日本の名湯」のCM

「アヒルちゃん」篇

デニス：(英語)！！！！！
ジミー：カット、すばらしい
　　お疲れ様でした。
デニス：ジミー、ぜひ見せたいものがあるんだ。
ジミー：何だい、また東洋の仏像かい？
デニス：まあ、うちに来いよ。
さあ、こっちだ、これだよ。

♪～
デニス：マイ　アヒルちゃん

NA：お知らせブザーや100までカウントの
　　機能がついて、しかも遊べます。

ジミー：すばらしい！くれるのかい？
デニス：とんでもねえ！見せるだけだ

NA：アヒルちゃん、今当たります。
　　詳しくは、ツムラのいい湯だなまで

デニス：いい湯だな～

常で面白い絵になった。

そんなこんなで、かなり危ない線のモノも多く、これ以外にも、いろいろオクラになったり、改訂したりした「日常の中の異常CM」がいくつもあった。それは、たぶんいまの世の中にもたくさん潜んでいると思う。ささやかな日常シーンに潜む、おもしろいモノ、変なモノを、ぜひ探してみてください。僕は、電車の中でツメを切るカップルに遭遇したことがある。女が「こんなとこでツメ切んじゃねーよ」、男は「うるせーな、いてーんだよ」と。僕は目をつむっていたので、2人の姿を見てはいないのだが、会話だけで、面白すぎて、いつかCMにしたいと思っている。

❻ 中島哲也さん

はじめての打ち合わせに、僕は10分遅れた。熊みたいなカラダのひげ面は「黒須さんて人がわかりましたよ」と空を見ながら言った。

もう終わったか、と思ったが、意外や意外、以来、明光証券、日清紡の山田さん、カビキラー、日産・サニー、日清製粉・猫王者、マツダ・アンフィニ、三菱重工「パーマをかけたのり子」、サントリー・角瓶などなど、大好きなCMを一緒につくれて、あー、よかったな。遅れてごめん。


中島さんはあらゆる面で「精度」が高い。大きな体なのに、精密機械みたいだ。複雑なカメラワークの撮影で、リハーサルを1度、エキストラのスタート位置、サブキャスト（脇役）のセリフ、クレーンの動き、照明の動き、主役の声のトーン、扇風機のタイミング、その全てを細やかに修正して、次の一発でOKに。

ギャグの純度も高ければ、編集のメリハリも最適解だけを目指す。なかでも、一番すごいと思うのは、音の感覚だ。ココロの声と会話との巧妙なズレが深い。音響とセリフとブレイクとが交錯する。映画『告白』で見せた松たか子さんの教室でのひとり語りは、劇場の音場を歩き回った。山口美江さんの「しば漬け食べたい」（フジッコ）のリップシンクロも、出前一丁の「ダジョー!」の唐突感も計算尽くだ。映像編集と音像編集の幾重ものレイヤーを、ひとりで感覚的にコントロールするのだから。すごすぎる。

安西俊夫、岡康道と電通プランナーとのつながりが強固な印象があったのに「博報堂ではあんただな」とか言われて有頂天になっていたら、「実はさ、多田ってすごいのがいるんだよ」と興味は次のターゲットに向いていた。プランナーの嗅ぎ分け力もハンパないCMディレクターだ。

実践編③

音コトバの実験

かつて日本語のロックは可能か否か、みたいな議論が、「はっぴいえんど」が出た頃にありましたけど、結果、まあ、いまや定着してますよね。苦手だけど、ラップもそう。なんとかリズムに乗せたら、日本語ロックなりラップなりの独自の活路があったってことですよね。

CMでの音コトバも、わりとコンサバというか、ナレーションにしろ、モノローグにしろ、ひな形とか定型があって、あまり冒険しないものでした。そこんとこ、逸脱してみようと思って、すこし遊んでみました。いろいろな音とコトバの実験というのをトライしてみた。いろいろな温度感を試してもみた。いつも無色透明で品行方正なナレーターに、ちょっと登場人物にかまってもらったり、モノローグ同士が気持ちを語り合ってみたり。ついつい クセを出そうと頑張っちゃうナレーターに棒読みでお願いしたり、やってみました。

語りかけナレーション

ナレーションが出演陣に対して褒めたり諭したりするやり口

80年代にやっていた資生堂の化粧品シリーズ「エクボ」のCM（後述）。このCMは鈴木蘭々さんをはじめとした少女たちが勝手気ままな行脚・小旅行をする中でティーン向け商品群を紹介するシリーズだったのだが、その締めに元TBSラジオのアナウンサー鈴木千秋さん（野太く滑舌よい声で話し方に説得力のあるおじいさんでした）に、画面に出ている蘭々さん演じる女の子たちに対して「さあ、そこで顔を洗いましょう」「ひとのことはさておき」「まあまあ、お静かに」などと、間の手というか諭しながら、エクボの商品に導くガイドをしてもらったのだ。これは、80年代当時は画期的で、「ナレーションが面白い」という理由で広告賞を受賞もした。ま、鈴木さんの節回しが絶妙だったのだが、これで味を占めた僕は、画面に出ている人に対する「ため口・語りかけナレーション」を連作した。「さあ、こうしましょう」「では、問題です、そんな顔しないで」などなど、CMナレーションの機能する幅を広げたことは間違いない。

うーむ。それが近頃進化しちゃったんですかね。昨今の過剰ナレーションは、すこし気になる。次でも述べるけど、やり過ぎると、そのナレーションがもっていこうとしている、あざといベクトルを、視聴者は感じとってしまうからだ。北朝鮮のニュース口調やプロレスの実況とかの極端な例でなくとも、ここはものすごく繊細に、感度をもっていたい。気にしていたい。

低温ナレーション　広告的なハイテンションや煽りを抑える

会話とか、ナレーションとか、人の声には温度の高い低いがありますね。アフレコやナレーション録りの時に演者の方はブースに入ると、とりあえず一様に温度が高い。声を張るというより、テンションを上げる、ってやつだ。一生懸命に喋ってくれちゃう。それは、すこぶる困るのだ。とりあえず、僕のCMの場合、ナレーションは静かな方がいい。ニュートラルというか、プレーンというか、いや、温度が低いのが好きだ。これは好みの問題ではあるが、余計な煽りや抑揚が入ると、映像のリアリティが死んでしまうのだ。味のある声は求めるのだけれど、静かな方がいい。

NHKの『映像の世紀』というドキュメンタリーが好きだ。その真摯な態度にいつも感心するのだが、それはナレーションの山田孝之さんのしゃべりによるところも大きい。最初は「さすがNHKのアナウンサー！」と思って頷いていたら、クレジットを見て驚いた。山田さんと言えば、役者として硬軟あれこれ、さまざまな役柄で活躍されているが、おおむね濃い印象の方だ。それが、『映像の世紀』でのナレーションは、個性を潜めて、テンションを鎮めて、すさまじく叙事的なのだ。その声の態度にひたすら感動している。

緒川たまきさんが出演しているカゴメ「野菜生活」のCMナレーションを、浅野忠信さんに読んでもらったことがある。浅野さんには同時期に流れていたトマトジュースのCMに出演してもらっていたのだが、二種類のCMに同じ人が登場すると、ごちゃごちゃになっちゃうかなと心配したが、そんなこともなかった。「つづけること。カゴメ野菜生活」と淡々と語る渋い声は、商品の誠実さと毎日摂取することの大切さを伝えていた。と同時に、「よけいな味がしない。カゴメトマトジュース」というトーンとも連動した感もあり、広告的なはしゃぎを抑えた企業ブランドのイメージ醸成にも貢献した感もある。

低温会話　**静かな、聞き耳を立てたくなる会話が引き寄せること**

僕は、映画のセリフというのは、聞き逃さない。聞こえなかったときは録画やネットフリックスなら、巻き戻す（古い言い方だ）。昔の映画はストリーミングとかなかったので、上映する映画館の場が勝負だった。市川崑監督の人気作『黒い十人の女』を観たときに、百瀬桃子（森山加代子の映画初出演）が登場する挿入エピソードの会話があまりに素敵だったので、2度観て書き写した。

その詳細は、是非とも映画で観ていただきたいのだが、流れを再現しよう。主人公の色男TVマン（船越英二）が仕事やらに疲れて一服しに局の屋上にあがると、同じように気分転換をしている新人女優・桃子がいる。TVマンは「どう?」と声を掛けてにじり寄り、「君どこの人?」と抱き寄せ、さらには唇を奪うのだが、桃子に「ちょーど誰かに抱いてほしいと思ってたとこなの。あんた誰?」という最高のセリフを言わしめる。脚本の和田夏十[30]さんてホント天才だなと感心するばかりだ。会話のトーンは、ぬるいのだ。熱かったり叫んだりしない。男は「どーでもいいけど、田舎娘を抱きしめてあげたのさ」的だし、少女の方も「あら、なんか良かったわ」というような温度感なのだ。そのぬるさに惹かれる。

音はないが、漫画にも秀逸な会話がある。桜沢エリカさんのコミックス『かわいいもの』収録の一編だ。男子が知り合いの女子の家に届け物で立ち寄る。女子はテレビを観ながら「あら、ちょっとセックスでもしてけばいいのに」という。男子はバタバタと「うん、そうもしてられないんだ」と言って、帰ってしまう。なんなんだ、この2人は。「お茶でも」「また今度」といった軽く静かなノリなのだ。これには、ぶったまげた。会話ってのは、地味ですごい方が、惹きつけるもんなんだなあ。

そんな学習をした僕は、「プレイステーション」をはじめ、多くの会話ものを書いてきた。おおむね、温度の低い、本音をつつくような（CMなんで節度はありますが）コトバを綴るようにつとめた。プレステという現象が人々の間に浸透していく様子を冷静に淡々と描写したかったので、できるだけ静かに、少し狂ったシミュレーションを仕上げた。

ダジャレ発想　ナオミという名前はグローバルなのでした

エステティックTBCのCMは、三好朋子さんという、僕のチームにいた天才女子の原案でした。東京藝大出身で、いまは「ともすけ」というイタリアン名店のシェフをやっている。朋子のともすけだ。それはともかく、この三好さんの企画がみごとに仕上がったのがTBCの「ナオミよ」だ。

30　映画監督・市川崑の妻で、市川作品の脚本の多くを手がけている。

TBCはエステというモノを茶の間に一気に浸透させたブランドだが、その競合プレ（だったような）に拡大黒須チームで臨んだ。これは、けっこうすごいチームで、そのころ第一生命の「パスポート新鮮組」（後述）を一緒にやって、大ヒットしていた山内ケンジさんと組み、監督にもあらかじめ企画から参加してもらった。僕らの方も、黒須チームとその周辺の優秀どころ混在で、米村浩君とか福井晋君と滝澤てつや君、そして三好さん等々、それぞれが一本立ちして名のある仕事をしているような人を集めた。というわけで、すごい濃い企画が集まってたっけな。特に、山内さんの「ズボラー砦」という企画が秀逸で、忘れられない。男のためにキレイになったり痩せたりなんかしたくないもん、という女子が集って「ズボラー砦」に立てこもる設定だが、TBCの魅力的な攻撃にどんどん駆逐されていって、最後に主人公も屈するという話。もちろん採用はされないのだが、天才の企画だ。

話を「ナオミ」に戻すと、これは、「NAOMI」というヘブライ語源だったかの名づけが、欧米でも一般的なところに始まる。穣二（George）とか賢（Ken）とか男性名にはけっこう多いが、女性名では珍しい。それをネタに、日本のフツーの家庭のフツーの女子「直美」さんがTBCに行く。「エステなんて！よしなさい！」と父親は頑として止めるのだが、帰ってくると、スーパーモデル ナオミ・キャンベルさんに変わっているという、短絡面白企画。「ナオミよー」「そんな、声まで変わって」という父娘のセリフが流行った。ACC賞の最優秀スポットCM賞をとったかな。ダジャレと言おうか、言葉遊びを、そのまま絵解きしたCMだが、山内さんの手にかかると、フィクションが昇華する。ソフトバンク「犬のお父さん」も最初は山内さんでしたね。

大きな話題を集めたＴＢＣのＣＭ「ナオミよ、登場」篇

「ナオミよ、登場」篇

（茶の間で父母と娘：直美）
母：直美、それ、
　　ホントに効果あんの？
直美：うん。
父：なにが。
母：ＴＢＣ、エステよ。
父：よしなさい！
直美：ふん。
（ＴＢＣのドアを開ける）
父：直美！
（ドアが開くとナオミ・キャンベル）
ナオミ：タダイマ
母：どなた？
ナオミ：ナオミよ。
父：そんな！声まで変わって！
ＮＡ：ナオミになろう
　　　ＴＢＣ

ダジャレ連鎖　若者の保険「パスポート新鮮組」の場合

こちらは、商品名が洒落ていました。よく見ると「新選組」じゃないのだ。フレッシュ＝新鮮の「鮮」だ。ネットや広告記事はいつも間違っていたけど。ま、若者＝フレッシュマンのための保険なので、その当て字にしたのだろうけど、たいそう覚えやすいので、実にうまい名付けではあったのだろう。だが、僕が着目したのは、その前の「パスポート」というコトバだ。

脈絡的にはかなり意味不明で、「パスポート＋新鮮組」という2つのコトバの足し算のような名前だ。一般的にネーミング開発ではよくある話だが、以前のブランド名の名残であることが多い。それまでの若者向けの保険は「パスポート21」だった。ネーミング変更時に刷新してしまうと、従来のユーザーや検討してきた人が戸惑うから、以前の名前を引き継いだのだ。カローラから分かれたスプリンターが、発売当初は「カローラスプリンター」と名乗っていたりしたことに近い。

これは山内ケンジさんとはじめて出会っての仕事だった。ＣＭ制作会社の部室みたいな小さな会議室で3日間ほど、互いに牽制しあって、「安直だから、新選組の登場は避けたいね」とか「それは過去にあった」「だれそれがやりそう」とか、自分たちで敷居を高くして企画に詰まっていた。そこで僕は、逆にその事情の産物の足し算ネーミングを逆手に取ってみたらどうかと発案した。山内さんに「新選組がさ、現代にいるならどう?空港にいてさパスポートもってさ」と投げたら「それ、あるかも。新選組の登場もいいかも」と言うなり、山内さんはコンテをバババと描きなぐり、金属探知機の前で「刀はダメでしょ、刀は」とか、沖田が「パ、パスポートはあるぞ」というくだりまでトントンとできあがった。

このCMは大ヒットしたが「パスポート×新選組」というダジャレ軸のCMだったので、次は「似たような流れのダジャレは避けよう」「別の視点を探そう」と、またハードルを高くしていった。新選組という組織も、新鮮組という商品ともに「勧誘するもの」なので、「新鮮組に入ろう」という勧誘篇に続けたり、さらには、「若者を守る」というコトバで、攻められるキーパーを守ろうとサッカー場に人々が乱入する企画など、「新作ダジャレ連鎖」をつきつめたCMシリーズとなったのだ。これも、奇妙なネーミングが生み出した技だったわけだ。

新選組と「新鮮組」をかけた
第一生命保険／パスポート21のCM

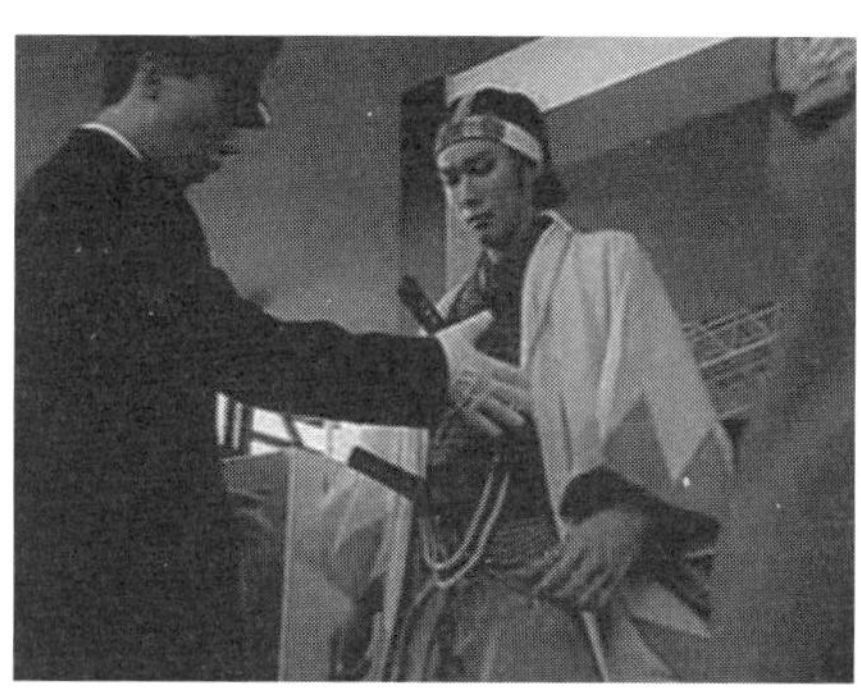

「パスポート新鮮組　空港」篇

（混雑する空港ターミナル）
国際線の英語放送：Departing from …
沖田：土方さん、もう時間がありません。
土方：沖田！
（焦る沖田、探知機が鳴る）
空港係員：刀は、ダメですよ、刀は。
沖田：なにを言うか、武士の魂を。
係員：ダメですよ、刀は。
新選組：なに！
沖田：パ、パスポートはあるぞ。
NA：若者の保険、パスポート新鮮組

サントリー グレフル／ポスター。ADは土家啓延さん。

省略コトバ企画
グレフル・ピングレの「ただとも」「うそうま」

コトバ軸の企画が続いた。新鮮組もそうだったが、ちょっと気になる違和感のあるコトバの映像化というのは、うまくいくことが多い。この「グレフル・ピングレ」というサントリーの浸漬酒のソーダ割は、商品企画とネーミングから担当した。商品企画と言っても、お酒の造り方まで知っているわけではないので、柑橘系の果実酒をベースにした商品の可能性と、面白くて記憶に残るネーミングを模索をした、と言うのが正しい。

企画会議で、オリエン資料を読み直すと「商品的には、柑橘系が好ましく、レモン、グレフル、みかんベースなど…」との表記があり、「なんだろう、このグレフルって」と担当の方に問い合わせたところ「あ、グレープフルーツのことですよ。業界ではそう略して呼ぶので」と。確かに、グレープフルーツ果汁飲料の裏書きを見たら、原材料名に「グレフル」と書いてあった。「あ、省略形なんだ」と気づき「レスカやプレステ、キムタクなどなど日本人は略語好きだもんね」

省略言葉で夫婦が会話するサントリー／グレフルのCM

「妻帰宅」篇

（家の外、クルマでのお別れ）
妻：またあえ。
男：メルする
夫：ひさどき
（家に入り）
妻：ごめおそ。
夫：さきやて、うまやす。
NA：グレフル
夫：どこいて？
　　かみぼさ、べにずれ？
妻：かぜつよ。
NA：グレープフルーツのお酒
　　グレフル、ピングレ
夫：これうま。
妻：うそうま。

「夫帰宅」篇

（夫の帰宅）
妻：ごはさき？
夫：ふろさき。
（こっそり他の人とメール）
妻：い･つ･あ･え･？
夫：のどかわ。
NA：グレープフルーツのお酒
　　グレフル、ピングレ
夫：だれめる？
妻：ただとも
NA：サントリ

と言っていたら、チームの滝澤君が「それ、ネタにできませんかね」と。「そうか、ネーミングもだけど、広告文を全部、省略形にしてみるか」と、トントンと省略語化企画が決まった。

車内吊りポスターでは「果実丸ごと発酵の旨くて安い…」を「カジマル・ウマヤス…グレフル・サントリ」と、全文四文字化してみたところ、車内吊り前に人々が近寄って、面白がって解読しているのを目撃した。すごく気になる注目度の高い中吊り広告になったわけだ。

ＣＭはビデオコンテで検証したあと、全セリフを４文字で構成して、撮影した。深津絵里さん演ずる主婦がデートらしき外出から帰宅すると、夫が「カミボサ（髪の毛がボサボサで）ベニズレ（口紅がズレているけど）」と尋ねる。深津絵里さんは平然とグレフルを開けながら「カゼツヨ（風が強かったのよ）」とか「タダトモ（ただの友だちよ）」などとかわす。このＣＭは流行った。続編の「ウソウマ（ウソがうまくなったわ）」のフレーズも話題に。

４文字会話が続くことで、商品名の「グレフル・ピングレ」が想起される仕組みは広告的にも効果は大きかったようで、知名度も一気にあがった（そうそう「タダトモ」のフレーズはケータイ会社よりも先でしたよ）。

⑦ 十文字美信さん

十文字さんの黒縁眼鏡に憧れた。すこし真似もしてみた。あの精悍さはメガネのせいかとも思ったが、全然違った。歳を取っても僕には精悍さは付与されていない。

とにかく、カッコイイ。名前も完璧だ。存在が、写真が、コトバが。お若い頃の横浜暴走族に交じり込んでの乱闘写真から、大発明の首なし写真、今日の風景に潜む「わび」の断片集までも、対談で糸井重里さんに「存在が、もう表現」と言わしめる存在。僕もいろいろご一緒したが、サントリー金麦の檀れいさんシリーズが長い。10年以上続いた。檀さんのカメラ目線の魅力的な表情も、あれは十文字さんを見ているから、いい表情なのだ。かつての資生堂のCM「ゆれる、まなざし」に出演した真行寺君枝[31]さんも僕を見ているような気がしていたのに。あれも、十文字さんの眼力によるものなのだ。ちぇ。

はじめてお会いしたのは、記憶は定かではないが、確実に若い頃だった。CMプランナーはディレクターを指名するけれど、カメラマンはディレクターが指名する。だから撮影現場ではじめてご挨拶することが多い。しかもいつも高名な年上の方々ばかり。操上和美さん、小暮徹さん、鋤田正義さん、そうそうたるお名前で気後れする。十文字さんもそんな出会いだった。スチール出身の方は、映画システムのような上下関係のしがらみにいないから、フランクにおつきあいしてくださる。

そうそう、十文字さんには撮影のイロハと、上海蟹を教わった。上海蟹ミソと鱶ヒレを合わせた壺煮スープを頼まれて「こういう贅沢を知りながら、人間はダメになっていくんだよね」と笑いながらごちそうしてくれた。すごいのに、身近に感じられるのが、すごい。

31 資生堂のキャンペーン「ゆれる、まなざし」でモデルとして本格デビュー。女優として活動。

❽ 関谷宗介さん

巨匠というのか、化け物というのか、この業界で、過去ではなく現在ジャストNOWも超現役であられ、かつ一番尊敬されているCM演出家（ディレクター）でしょう。いまをときめく超売れっ子演出家の箱田優子さんも一番影響を受けたと言ってました。関谷さんの仕事にはいちいち反応せざるをえない。

アサヒビール「ミニ樽」のシリーズ（1981年）には腰が抜けた。ドラマCMの草分けであると同時にナンセンスCMも開拓したというハイブリッド。♪若さゆえ〜♪で始まるGS（グループサウンズ）楽曲起用も鮮烈でした。あと、東京の街を走る電車風景がなんとも切ないJR東日本「TOKYO TRAIN」（1991年）を手がけたと思ったら、元女子プロレスラーがたわわな胸を揺らしながらの「ダダーン、ボヨヨン、ボヨヨン」（ピップフジモト「ダダン」1990年）もほぼ同時に仕上げている。当時はどうしても同じ演出家とは思えなかった。表現幅がすさまじい。

僕は、檀れいさんの「金麦」シリーズを長いことご一緒させていただいたが、ほかにも

「プレイステーション2」のカウントダウンCMの総合監督をお願いした。あれは静かだけど、記憶に残る。静かにヒタヒタと街にプレイステーションという現象がやってくる、その様子を伝えるのに、リアルタイム感を大事にしよう、4カメのスイッチャー感覚でいこう、という提案だった。その冷静な演出態度はスキがない。特別なことをしないのだ。撮りっぱなしのリアリティ。人物描写も、同じだ。引き算の芝居。抜いて剥いで不安にさせて狙う表情。その凍てつくような冷徹ともいえる演出は、すごすぎる。

実践編❹

アート寄り発想

小さい頃から画を描いていた。NHK図画コンクールで入賞した。画廊喫茶で個展なんかもやった。高名な先生に褒められて藝大受験を薦められた。幾何も大好きだった、『大学への数学』に図形問題の解法が2度も紹介された。とかとかいろいろあって、勝手に自分は建築家かデザイナーになるもんだ、と勘違いしていた。広告代理店の説明会に自分の絵をもっていって、デザイナー志望と申し出て「君は理系でしょ、SEで応募し直しなさい」と一蹴された。あらら。

たしかに、美大を出て広告代理店の狭き門を抜けてくるアートディレクター志望者は、レベルが違う。しかも美大では教室とかで自分の作品をプレゼンする機会が多いからか、みんなプレゼンがうまい。こりゃ、かなわんな、と思った。さらには、「小梅ちゃん」の仕事で、イラストレーター林静一さんとお会いしたとき、「こんなのどう?」とあれこれアイデアを出してくださるのだが、そいつがハンパなくすごい。サササと描いたメモなのに、構図も表情も吹き出しの中身まで、飛び抜けていた。僕はそのメモスケッチを見て、絵を描いてるなどと言うのをやめた。

でも、企画は、図式的に考える。画から考える。正確に言うと、小さなクロッキー帳に落書きを始めるのが、企画だ。とりあえず、初期は紙の上で考える。時間軸のイメージもできるだけ、画にしてみる。

グラフィカルなCM表現　アートディレクターとの掛け算とせめぎ合い

広告代理店のデザイナーの採用面接官というのを10年ほどやった。それは、美大出身者におけるCM原石を発掘するというミッションだったような。だから、チームにもアートディレクター（AD）が溢れていたし、シンガタ以降も数多のADの方々とご一緒もした。

ADとの仕事は楽しい、と同時にめんどくさい。映像アイデアの席の取り合いになるからだ。もめ事を予測して、別個に作業したりすることもあるが、決してよくはない。それぞれの勝手なシンボルができてしまったり、キャンペーンの一体感がなくなってしまったりするのだ。ADとは、がっぷり組む必要がある。

そんななかで、電通にいた戸田宏一郎君（現CC INC.）にシンガタ期に出会えたのは大きい。金麦やドコモやLGの仕事など、ビジュアルシンボルが軸になる仕事はほとんど戸田君とご一緒した。キレがいいのだ、ADとしての才覚もありつつCDとしての見通し力があるから、ふたりでやる仕事は早い早い。役割分担しながら掛け算になる感じも嬉しい。しかもシャープに仕上がる。

同じようなキレ味を、石井原君（現ネアンデルタール）にも感じた。博報堂にいるころには一緒の仕事はなかった（むしろ仲悪いとも思われていた）。CMの黒須チームとか、グラフィックの宮崎晋チーム（石井君がこのチームだった）とか言われて、なんとなく敵対イメージがあった。だが、いつも宮崎チームが手がける宝島社のグラフィックの展開力はすさまじいなと尊敬していた。お互いフリーになっての合作第1弾は、ケンタッキーフライドチキンの競合仕事だった。そこで石井君の威力に出くわした。いきなりびっくりマーク「！」のタマをカーネル・サンダースさんの頭にしたのだ。そんなの無理だよ

アートディレクター 戸田宏一郎さんによる金麦の交通広告。

AEONのグランドジェネレーション世代に向けたキャンペーンでは、石井原さんによる「GG」と「55」のアイコンをグラフィックとCMで使用した。

と言ってプレゼンしたら、なんと通ってしまった。その記号的な潔さに本国もOKを出したのかも。さらにはAEONの「GG＝グランドジェネレーション」世代の、つまりは55歳以上の高齢者向け施策のキャンペーン企画の時も、GGのマークが回転すると55になるというすご技を出してきた。確かに書体のデザインによっては「G」はひっくり返すと「5」に見えるのだ。なかなか気づかない。グランドジェネレーションという意味をCM15秒であれこれ説明してもなかなか届かないものだが、高田純次さんと夏木マリさんが、軽やかにくるりんと「GGは55歳以上の…」とやると、楽しい施策の気分は一瞬で伝わる。アートディレクターがCM的動きのことまで見通して、でしゃばってくれた好例だ。どんどんはみ出してくれるといい。

記号的CM　LGケータイの「L」の印象づけ

15秒はやっぱり短い。そこでは大きなストーリーの流れとか、感情の微妙な移り変わりとか、描きれないことがある。CM演出家の皆さんが、60秒とか90秒とかの長尺を待望するのもわかるんだけど、短い中で頑張るのも、この仕事だ。といったときに「記号的な表現」というのは実に有効だ。広い意味では、タレントやキャラクター、キャッチフレーズなども記号の一種で、その瞬間的な信号力の掛け算で15秒CMは成り立っているとも言えるが、ここで紹介するのは、それら以上に。明らかな狙いを持って、端的で感覚的に作用させた記号だ、

LGエレクトロニクスのケータイのCM全ての広告の左下に「Lの字」を配した。当時の国内ケー

蒼井優さんが出演した
LGエレクトロニクスのCM

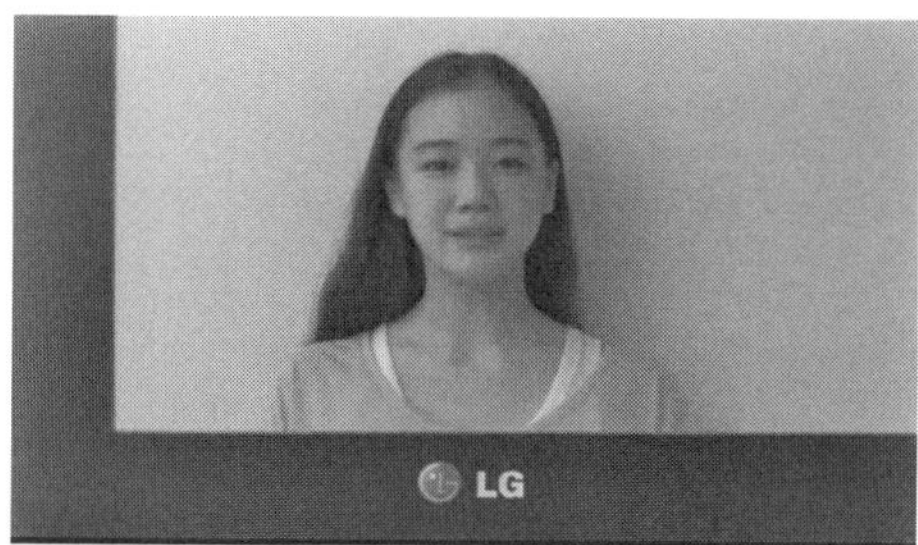

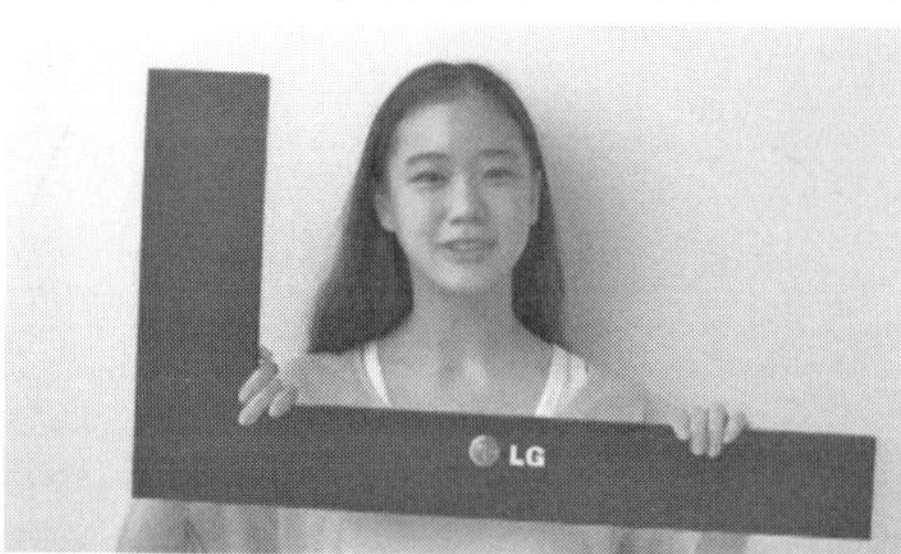

ＬＧジャパンモデル「Lの枠」篇

蒼井：LGジャパンモデルの広告には、この…
（と言って、テレビのフレームを外す）
この「L」のかたちが隠れていますが
これは「Lのケータイ」と
覚えていただきたいがための気持ち
です。
では

NA：世界のブランドLGから
LGジャパンモデル、登場

タイ市場ではパナソニックは「Pのケータイ」、富士通は「Fのケータイ」、NECは「Nのケータイ」などとそれぞれのアルファベットの頭文字で呼ばれていた。その日本市場に遅れて参入するLGも、それら呼称の仲間入りを急いだのだ。CMはもちろん、交通広告やOOH広告は、縦長も横長も全て、すこし太めのゴシック体風のL字が組まれていた。CMでは蒼井優さんが、自ら広告しているCM枠を外して「Lの字」を示すという荒技もやった。かなりの速度で「Lのケータイ」は浸透した（その後のiPhone登場で事態は一変した。ガラケーからスマホの時代に移行し、「○○のケータイ」とは呼ばなくなってしまった）。

この広告を一緒にやったのも、戸田宏一郎君だ。もともと富士急ハイランド「ええじゃないか」やHONDAの一連とかキレ味抜群のアートディレクションに長けた人で、このLGのネタもシャープに幅広く展開してくれた。優秀なADとやる仕事は企画書から楽しい。よい記号は、企画書時点で作用するのだ。趣旨が明快だから。

数字は超速記号　人は数字を瞬間的に把握する

そういえば、僕のつくったCMには、数字を前面に出したモノが多い。AEONお客さま感謝デーのCMでは、あの♪〜20日30日5％オッフ♪　というメロディに乗せて、毎月毎月のカレンダーCMというのを展開してきた。割引デーの直前から、その日付＝数字を覚醒させようというのが狙いで、主婦の皆さんに大事な数字をインプットしたわけだ。29日のハコから30日（明日）のハコを覗いてみたり、数字のピアノを弾いてみたりもした。こうした記号的な数字遊びは、楽しく記憶していただけることが多い。

数字は、記号の中でも特に、その数に意味があることが多い。12月3日が発売日だったり、5％オフだったり、糖質75％オフだったり、CMの主要メッセージポイントがその数字なワケで、そこにフォーカスするのは理にかなってはいる。ことさら、その数字が立っていると、そこが言いたいことの中心核だと視聴者は類推する。視聴者が頭を働かせ、その意味を肉付けしてくれるのだ。

あと、画的にもスッキリする。言いたいことがそこだから贅肉はない。クスッとさせちゃうタイポグラフィーも、数字の押売りにならないようにする手立てだ。角張ったフォントの「5」を裏返せば「2」になる発見や、「0」の輪っかがトンネルのようになるから、武井さんにそこを抜けていただいたり（もち

武井咲さんが出演したAEONお客さま感謝デーのCMでは、カレンダーをはじめ、毎回数字をいろいろなモチーフで活用していた（上）。
戸田恵梨香さんが出演した「金麦〈糖質75％オフ〉」のCMでも、「75％オフ」という数字をCMの中でフィーチャーしている（下）。

ろん合成で、あとから描き加えてますけどね）、「くーっと1杯の」の音にあわせて「9」が伸びをしてみたり、小ネタが多いですけど、そういうほっこりするものって、ま、悪くはないのかなと。

コマ撮りアニメは映像づくりの基本

コツコツ手間のかかる作業だが学ぶことは数多

近頃は美大出身のCMプランナーが多いらしい。僕がデザイナー採用をやっていた25年ほど前も、専攻は「映像」ですという人がチラホラいました。美大出身の人は、もちろん映像アイデアの定着力はすごいのだが、美大で鍛えられたプレゼン能力の高さもなかなかだ。さらに映像をやってきた人は、時間軸の感覚がわかっている上に、コトバ能力もお高い。

制作会社マザースにいた宇田川美紀さん（現螢光TOKYO）の卒業制作の「パンのアニメ」はかわいかったな。食パンが自分にバターを塗って自分から焼かれてトーストになる、というくだりがよくできていた。そういえば、近頃一緒にやっているフリーCMプランナーの村松さやかさん（元東北新社）も、多摩美術大学でアニメばっかりやっていたと言っていたな。「広告サミット」[32]で、垣内美香さん（「すごい人に出会った9」参照）の助手として「コマ撮り」を丁寧にやってくれたっけ。

コマ撮り、この恐ろしくも手間暇のかかる立体アニメ作業は、大変なんだけど、実写CMの基本だ。2Dアニメが平面映像企画の基本であるように、CMプランナーはぜひとも学習するといい。「見通し」と「達成感」の両方が満たされる。「kineo」というパラパラ漫画の延長のアニメアプリがあるけど、画角のことや秒30コマとか15コマの感覚もわかるし、考えたことが、実際の映像に定着していくワクワク感は、映像企画制作の原動力だ。

70年代に、大ジオラマでのコマ撮り撮影に立ち会っていた(下写真)。スタジオ一杯にりんご畑が広がる世界。♪〜さーぶい北風どこ消えた、小雪、雪っこ、リンごっこ〜 なんて童謡メロディに合わせて、こけしやワラ人形のキャラが恋のかくれんぼをするかわいいCMだった。キャラの動きや季節の変化を、1コマづつ、すこし動かしてはパシャリ、また1コマ分動かしてはパシャリ、と撮影する地道な作業の繰り返しで、ほぼ一週間スタッフは徹夜に近い状態だったと思う。そして、その待望のオールラッシュ試写(当時はビデオ確認もないので試写の場ではじめて確認するのだ)で、なんと、キャラの動きは完璧なのだが、背景の樹木にロウではりつけた林檎の実が、動画にすると、つぎつぎ消えていったのだ。ライトの熱でロウが溶けたらしい。全ての工程をやり直したという事件だったが、映像の1コマ1コマの重要さが身にしみてわかった。と同時に、完成したときの、ヨロコビが尋常ではなく、スタッフみんなが抱き合っていたのが忘れられない。

32　2005年12月、青山、原宿を拠点に開催されたイベント。箭内道彦氏が企画し、広告界の第一線で活躍するクリエイターたちがナビゲーターを務め、3日間にわたり、さまざまなトークが繰り広げられた。

地味で地道なＣＧも
なんでもできるCGだからこそ裏方仕事もすごい技術だ

１９８５年当時、プレステの技術開発の披露の場で、同時に馬が１００頭登場するとか、髪の毛１本１本の動きまで再現できるといった技術を見た。すごいなと。そこから、ＣＧは水の動きだとか、光の変化とか、地球上に起こりうる事象をほぼすべて再現できるところまで来ている。それが宣伝文句でうたわれたり、ＳＦＸファンの憧れだったり、派手なＣＧたちである。いまや、絢爛豪華とか空前絶後とか電光石火とかの四文字熟語それぞれを表現するＣＧが闊歩している。

このように表舞台で大活躍のＣＧ世界の裏で、地味な、でも大切なＣＧ作業が繰り広げられていることもお伝えしておきたい。例えば、グラフィック写真のレタッチ作業と同様に、１秒間30コマのＣＭのコマ数分だけ、レタッチ的な修正をする作業だ。シミやほくろを消したり肌の調子を整えたりは常識だ。いまやスマホでも同様の修正アプリが盛んだが、かつてのフィルムでの合成時代には、ありえなかった技術だ。無理してやれば、写真をはさみでくりぬいて貼り込むようなもので、合成の痕跡がまるだしだった。デジタル技術の進歩で、動画であっても、時間さえかければ、みごとに修復できるのだ。その延長で、いまはタレント事務所のＣＭチェックというのが厳しくなっている。不具合があった場合には即座に修正依頼があったり、細かい指示が来る。先方も技術を学習しているのだ。

気づかれないＣＧって、ちょっと哀しいけど、すごい裏方の裏技だ。夏オンエアのＣＭだったので、半袖で撮影したら「冬も使うので、長袖にしたい」という依頼がきた。「無理ですよ、素材感が違うから」とお断りしていたら、技術スタッフが、こんな風にならと、ひょひょいと仕上げてくれたのだ、見事な長袖を。布の質感も再現されて、動きもなめらかで、すごいな、技術って。

モーションキャプチャー1
人の動きそのままCGアニメで再現する技術

たぶんモーションキャプチャーを本格的に導入したのは、このハンドソープ「キレイキレイ」(ライオン)が最初だったと思う。これは商品企画から関わった。ある日、多田第二制作室長によばれて「くろすー、この人のキャラで石けんつくれんか」と上田三根子さんのイラストを提示された。上田さんとは、この後プレステの「ぼくのなつやすみ」というソフトのＣＭでもご一緒したのだが、ちょいと洋風で、ロットリングで描かれたようなシンプルな線も、熱すぎない表情も、大好きだった。

商品名の「キレイキレイ」も、会議中に子どもの頃の手洗いの話になって「きれいきれいしましょ」というフレーズを思い出して、それをそのままネーミング提案した。さらには、ＣＭ化するにあたって、普通の2Dアニメだとありがちなので、『トイ・ストーリー』などで話題になっていたフル３ＤＣＧで、しかも実写の主婦仲間たちに絡めてみようと考えた。ディズニーのキャラなどが実写の中に合成されている映画を観て、さらにその先を行ってみたいなと。当時のモーションキャプチャーは光学式で、電磁コイル方式[33]は日本では初めての試みだった。僕は、フツーの奥さんのフツーの所作を、

33　体の関節等に取り付けセンサーからの情報を3次元データに変換する画像システム。主に光学式と磁気式がある。

例えば「あーら奥様、そうでしたの?」と口に手をやるお上品ポーズとかを、CGにやらせてみたかったのだが、かなりのディテールまで再現できたと思う。ロッテ「小梅」のCMをCGで始めた頃から、人の仕草とか所作のCG化に興味があって「うなじのうぶ毛が風にそよぐ」とか「伏し目がちな表情」とか微妙な風景や表情をできないかと画策していたのだが、キレイキレイの上田三根子さんのキャラで似たようなことが試せて嬉しかった。

モーションキャプチャーの撮影現場は楽しい。関節に電飾や磁気コイルをつけての撮影は滑稽とも言えるが、最近では、基本的な動きのシミュレーションはすでにストックされているので、このさきはあまり観られなくなる撮影風景なのかもしれない。

ライオン「キレイキレイ」のCMには、3Dキャラクターが登場。実際の人の動きをモーションキャプチャーし、それをアニメに落とし込んだ。

モーションキャプチャー2
WOWOWのリアル所作動画の精度

何年かに一度、アニメをやりたくなる。「小梅ちゃん」の頃は、それは制作費が安いというのが主な理由だった。いまみたいに実写をiPhoneやGoProとかで手軽に撮影するような選択肢はなかったから、実写と言えば映画に近い機材と人件費がかかるものだった。アニメは当時はまだCGとかないので、ひたすら人海戦術でセル画を仕上げる。フィルム映像は1秒24コマだから、15秒CMだと360コマが必要なのだが、当時のアニメは2コマ打ち（秒12枚で作画）や3コマ打ち（秒8コマ）もあったかな、ま、多少カクカクしたのも味と言って、手間と予算を削っていたわけだ。ところが最近は、アニメはお金がかかる。CGはそのやりようによっては天井知らずだ。

WOWOWのCMでは、実際に撮影（上）をしてから、モーションキャプチャーでCG化（下）した。

前ページ（P.171）WOWOWのリアルな大人の質感アニメも、それなりに手間とお金がかかっている。というのも、これは、一度実写を撮影してから、それをモーションキャプチャーでCG化している。前からやりたかった「リアル所作の動画化」だ。撮った実写をわざわざアニメにするのは、人の所作や表情のディテールを強調したいからだとも言える。喫茶店で、男前な店長を前にして「男のセクシーさ談義」をする、主婦3人の目線芝居は、CGとは思えない精度だ。人間模様が、より深くなるのだ。作者の意図にフォーカスした画づくりと言えるのかもしれない。それは広告的に商品のシズル感を伝えたり、ブランドのイメージを捉えたりすることにもなったり、なによりも、共感度があがったりする。

アニメというものは、時間とお金をかけさえすれば、基本的に不可能な画はない、と言われている。固体カメラが入れない場所での動き、時間軸の変幻自在な変化、猫目線、地中からのあおり目線など…、なんでもありだ。しかもCGは現在進行形でどんどん進化して廉価になってきている。これからが、さらに楽しみな分野なんだな。

❾ 垣内美香さん

ここ数年で一番好きなCMは、ディレクター 垣内美香さんがつくったものだ。岸井ゆきのさん出演の大塚製薬「ソイジョイ」30秒（2019年）。ごくごくフツーの日常シーン。スニーカーを洗った日の午後、ベランダでソイジョイをかじる岸井さん、一瞬カメラ目線に、と急なズームバック、音楽ｉｎ、視点は電車の中からだった。走り出す電車、車窓の風景ボケに商品ラインナップがｉｎ、「大豆にしとこ」というナレーションで終わる。うーむ。意外感と、妙な納得感と、絶妙なシズル感と、不安定な収束感がたまらなく好きだ。モノローグは岸井さんで目線の男（か？）ではない。つまり、映画の文法ではなく、商品広告にしちゃってるすごさ。なんども、余韻を味わいました、どうやって通したんだろう、この脈絡を、と悩みながら。

垣内さんとは、ドコモダケの設計時に、僕の描いた原案をお渡しして、そのキャラクタライズをお願いしたのが最初だ。画と言葉が巧みで超寡黙な東北新社の若手女子プランナーだった垣内さんだったが、「ほかの人の言うことは聞かないで進めてね」と120％信用してお任せしちゃうほど、その眼光は鋭かったのだ。

垣内さんの演出コンテが好きだ。美大出身かと思わせるタッチの画の隙間に、ト書きというのか、気持ちやキャプションが入り混じった手書きメモが所狭しと描かれている。一筋縄ではいかない気持ちの綾とかが、練り込まれているのだ。

サントリー「金麦〈ザ・ラガー〉」のＣＭでは、香取慎吾さんが頬張る大きなシウマイの寸法や、ラベルの赤と焼売屋の暖簾の赤が夕日で輝くことや、小さめのグラスが木机に置かれてカランと一回りする様子とか、あれこれが細かに書き記されている、そして、その気持ちはスタッフみんなに浸透する。だから、あんなに細やかなＣＭばかりが連作できるのだろう。

スタイリストという職種と僕らCMプランナーとは、それほど関わらない。スタイリスト選出は、タレント指名のケースと、カメラマンやディレクターがタッグを組んでいるケースとがある。プランナー的にはそのCM設定に相応しい服か、そのタレントに似合うのか、ある程度目立つのか、とかが関心事だ。

⑩ 堀越絹衣さん

堀越さんとは80年代、資生堂の仕事でお会いした。当時のファッション誌で、『アンアン』といえば堀越さん、『オリーブ』は近田まり子さんに岡尾美代子さんと、マガジンハウス系誌上で時代をつくっているバリバリの人だという印象だった。ファッションブランドにつながっていてコム・デ・ギャルソンとかビギとかの服をお借りして持ってくるんだろうと思ってたら、打ち合わせの時に「ちょっと考えたんだけど、つくってみたのよ」とピンが刺された試作品を持ってきているのだ。色とか素材感とかセンスの塊というか、映像のイメージがそこでできあがっていた。しかも監督の意向にも添える仮止めという柔軟さ。プロだなと。

スタイリストの枠というのを誰が決めたか知らないけれど、そこを明らかに逸脱している。キョンキョンと秋山道男[34]さんの「スコブルコンプレックス」というシンクタンクとも関係していたり、『かもめ食堂』や『重版出来！』などの映画・ドラマの日常シーンもカラっと表現しちゃう。攻めてるな。

資生堂「恋コロン」のオーディションで水谷麻里さんを決めたときも、堀越さんにイメージを何通りかつくってもらった。それを桜沢エリカさんにイラストにしてもらって、決めた。「恋コロン」はずいぶん贅沢な布陣を敷いて、「少女としての見事な仕上がり」というコピーをあてて、水谷さんに颯爽とデビューしてもらった。諸事情があってトップアイドルには届かなかったけれど、僕は経験上最高の美少女CMがつくれたと思っている。堀越さんの衣装のおかげで。

34 スコブルコンプレックス會社・主宰。編集者、プロデューサー、クリエイティブディレクターなどで活躍。10円の雑誌『熱中なんでもブック』や雑誌『活人』の創刊、チェッカーズの総合監督、小泉今日子や企業のブランディングまで、数々の名プロジェクトを手がけた。

実践編⑤

キャラクター設計

アニメのキャラクターをつくることも多い、タレントさんを起用することも多い。この2つのことを一緒にするなと言われそうですが、かなり近いものがある。かたや「つくる」で、かたや「えらぶ」ですけど、吟味する視点は近い。CMのキャラクターは目を惹いて、かつ気を惹く必要があるのだ。キャラも、ヒトも。

キャラ設計のあれこれ。「金麦」の檀れいさんの役どころは夫の帰りを待つ主婦だとか、ドコモダケをしゃべらなくしたりとか。「フラバン茶」の長塚京三さんはお茶目な大学教授、明光義塾のキャラクター・サボローの人なつこい性格、「マイナス196℃ ストロングゼロ」での相手役との掛け合いにおける天海祐希さんの話し方の語尾とか、「singing AEON」の山口智子さんは「AEON」を広告する人」に、「スーパーマイルドシャンプー」の小泉今日子さんはカメラ目線で宣伝する人、「野菜生活」の篠原涼子さんは生活する人、日本テレビのキャラクター・日テレちんは日テレに気づいてもらうために自らベルになっていること、水原希子さんには森永製菓「ダース」のCMで「水原チョコ」になりきってもらったり……。それぞれのキャラクターを、適宜考えた。役者さんには、それを演じてもらったり。キャラクターの設計は、広告の質感、映像の質感を決定づける、大きなポイントですね。

人キャラ設計1　3つのキャラクターを演じ分けた葉月里緒奈さん

映画やドラマだと「キャラづくり」というのを、役者さんはみなさん、入念にされる。ところがCMとなると、そこはゆるくなる。そもそも演出家が要求しなかったりもする。本人としてか、役なのか。うわべだけで済むこともありますから。棒読みをしたり、ココロのない状態での喋りが届いたりも、素が出るからよいけれど、やはり、そのCMなりその商品なりの役柄があった方が、やりやすそうな気はした。

葉月里緒奈さんのCMが集中したことがある。ロッテの『ザッカル』というチョコレートCMではじめてお会いして、その後『ヨーグルト100』『セパ』と味わいや形状の異なるお菓子CMが続いた。『ザッカル』という名は「ザクっと軽い」という食感の省略形で、そのクールな質感通り「ざくっと軽く」仕立てた。コンクリートの通路を颯爽と「私の名前は葉月里緒奈、葉っぱに月の沙漠。こちらはザッカル…」と商品を出そうとするも、見つからず、急に「あれー」と可憐になる落差が魅力のCM。キュートさがあふれ出ていた。『ヨーグルト100』は主観もので、男の子に手を差し伸べ、ため口で「高木、手つなぎたくなった」「うっそ、走ろう」などと、あまずっぱい青春がほとばしる一篇。主観ものは、CMを観ているファンにストレートにアピールする。直接話法は効果的だ。『セパ』はセパレートタイプでマーブル模様のクリーミーチョコ。個別包装でおしゃれに食べたい人向きという商品性を、なんとなく感じさせた。内省的なトーンでの「わたしってね、そういうとこある」という語りは、自分大好き少女に刺さるフレーズだったみたい。

人キャラ設計1　3つのキャラクターを演じ分けた葉月里緒奈さん

ロッテに出演した葉月里緒菜さんにさまざまなキャラクターを演じてもらった。

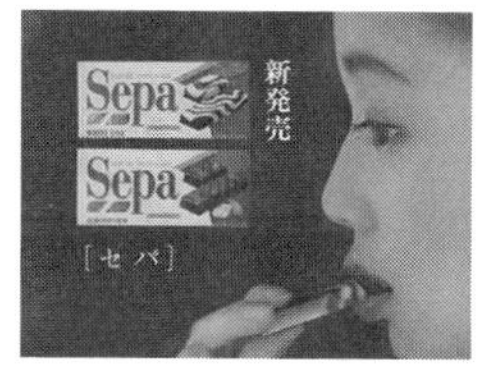

セパ「私の場合」篇

（古風なお屋敷のお嬢さま風）
葉月：……うふ
　　でもね
　　わたしってね
　　そういうとこある。
（自転車で風を読んだり）
　　こんなときは1セパ。
（口笛を吹いたり）
　　こういうときは、2セパって
　　決めてるの。
NA：それはそれは新発売
　　ロッテ セパ
葉月：……うふ
　　だからぁ

ヨーグルト100「登場」篇

（下校時、高木君のカメラ目線）
葉月：ねえ、なんか、急に、高木と
　　手つなぎたくなった。
（顔を寄せる）
高木：うそだろ。
葉月：だめ？
高木：うそだよ。
葉月：うっそ。
高木：なんだ。
葉月：（パッケージの裏面を読みながら）
　　ビフィズス菌を育てる
　　ニューオリゴ糖配合…
NA：噛むヨーグルト
　　ロッテヨーグルト100
葉月：高木、走ろう！

ザッカル「地下通路」篇

（コンクリートで囲まれた歩道を急ぎ足で歩いてくる葉月）
SE：カツンカツン
葉月：あ、こんにちは。
　　わたしの名前は
　　葉月里緒菜です。
　　葉っぱと月の砂漠の葉月
　　です。
　　こんどロッテから、この……
（ポケットを探すが商品はない）
葉月：あれー？あ？
（チョコレートシズルカット）
葉月：ザクッとかるいので
　　ザッカルです。新発売です。
NA（葉月）：ザクッと軽い
　　ロッテザッカル、新発売。
　　では、さようなら。

と、微妙に女子像を変えてみたが、葉月さんはそれぞれを魅力的に演じ分けてくれた。その後、ドコモのポケベルCMではバイブコールをテーマに「お、ブルッた」と鋭敏な反応をするスタイリッシュな役を演じてもらったり、家族でポケベルというテーマでは、「葉月家」というサザエさん的な家族の中心的長女役をあっけらかんとコミカルに演じてもらったり、いやいろいろご苦労様でした。CMごとに、それぞれの商品質感やテーマとのシンクロが「キャラ設計」には必要で、それはこちら側の設計力も必要だが、それを直感的に理解して演じ分けてくれる俳優さんの力量も重要だと、思う。

人キャラ設計2　人柄や人肌を感じる人間くさいキャラを置く

「日清紡の山田さん」というCMをつくったことがある。日清紡(当時、日清紡績)という会社の企業広告だが、企業広告というのは、会社の実績や実像を紹介したり、商品づくりの真摯な態度にフォーカスしたり、イメージ広告に徹してみたり、いろいろなやり口があるが、日清紡の場合は、架空の社員を登場させてみることにした。

日清紡は名前の通り紡績会社としてスタートしているが、その派生技術でさまざまな技術開発や商品開発を成功させた会社だ。ABS(アンチスキッドブレーキシステム)に電磁ベスト、不織布などなど、さまざまなベクトルの理系技術に特化していて、クールで硬派なイメージが強いような気がした。なので、逆に、「人肌」を感じる会社イメージを醸成したいなと、すこぶる「人間味」のある社員を描こうと思った。夢の中で大発見をしてみたり、休暇のことばかり考えていたり、出世願望も人並

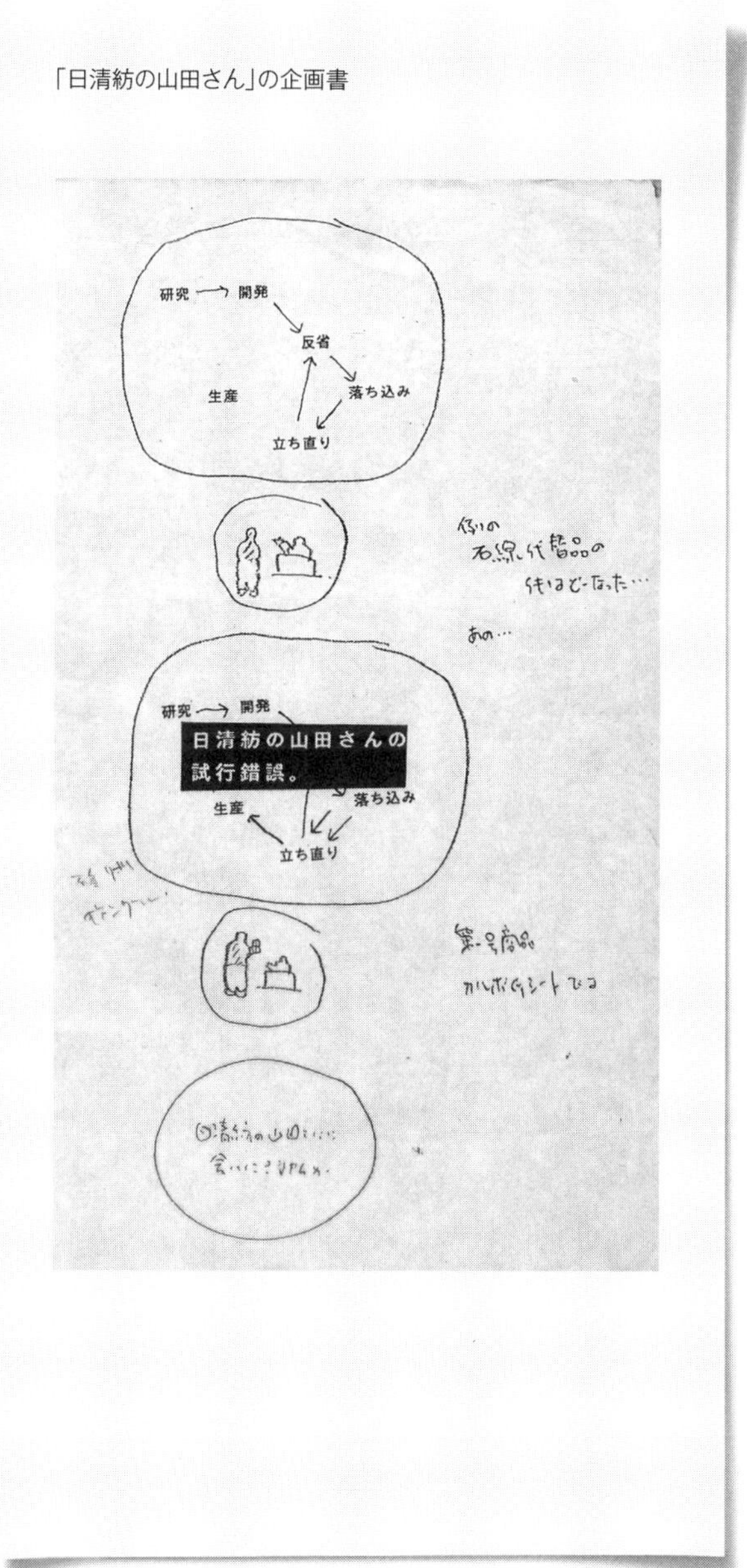

「日清紡の山田さん」の企画書

みにあったり、ちょっとエッチだったり、そんななキャラ設定で10本ほどのCMを制作した。

こうした人間くさいキャラ設定というのは、好感度獲得のためには重要である。先の「フラバン茶」の長塚京三さんは、本も好きだが女性も好きなフランスの大学教授の役柄設定だったし、「ローソン」の高嶋店長はキレイなお客さんについついサービスをしてしまうし、「グレフル」での深津絵里

山田さんというキャラクターを通して、企業のさまざまな側面を伝えるシリーズ広告「日清紡の山田さん」

「がんばりどころ」篇

S：問題発生（初期）
山田：あ！
　（ふんぞりかえって）
　ハハ、心配ないっスよ。
S：問題発生（中期）
山田：あ！
　（かがんだ小声で）
　この山田を、
　信用してください。

S：問題発生（後期）
山田：あ！
　（上着を持って飛び出す）
　すぐ、行きます！
S：日清紡の山田さんの
　がんばりどころ。
NA：日清紡の山田さんです。

「登場」篇

♪～
S:staring KOSUKE YAMADA
NA:山田さんの話をします。
山田：仕事ってのはよ
S:ABS ENGINEER IN NISSHINBO
　日清紡の山田さん
NA:この人が日清紡の山田さんです。

「職業意識」篇

（彼女と乗るタクシーが急ブレーキ）
山田：い、いまのブレーキ
　レスポンス 甘いんじゃないかな。
彼女（酔ってしなだれかかる）
　もー、また、仕事のこと、考えてるー
山田：そんなことないよ、だって…
（彼女、さらに迫る）
山田：あー、新しい、店だけど
S：日清紡の山田さんの職業意識
NA：日清紡の山田さんです。

「思考回路」篇

（山田さんの夢の画像、運河の模式図）
山田（寝言）：二分で水が一杯になる。
　二分で水が一杯になる。
　船は、動く。
　うーん、むにゃむにゃ
（布団を抱きしめる山田さん）
S：日清紡の山田さんの思考回路。
NA：日清紡の山田さんです。

さん演ずる主婦は、「ただとも」とちょっとだけアバンチュールも楽しんだりもするけど、夫も大好きという「うそうま」なキャラ設定にしたりしました。そんなフツーの市井の人柄が、飲んだり楽しんだりしている商品は、近しくて、いい感じがしますよね。

逆に商品寄りのキャラになっていただいた事例もある。水原希子さんの「水原チョコ」だ。単なるダジャレですけど、その語感と響きだけで、可愛いというか、楽しいというか、違和感なく似合っていた。

水原希子さんが商品寄りのキャラクターになった「水原チョコ」

アニメキャラ設計
可愛すぎても共感とれない。うるさすぎても嫌われる。

なんだかんだ、アニメも多く手がけた。キャラモノである。デザインの本でアニメキャラ特集があったときに「キャラもののクリエイティブディレクター」として登場したこともある。ドコモダケ、キレイキレイ、日テレちん、サボローあたりはよく知られている。あと、自分は継承しただけですが、小梅ちゃんのシリーズは、小雪・小紫と続いた。ほかにも、「サティ・ザ・バーゲン」というサティのバーゲンを期待して楽しむ2人組ＯＬキャラや、明光義塾ではサボロー以外にも、キャスター付きの椅子でシャーッと生徒に近寄る「シャー先生」とか、各教室に配置されていた「ダルマ先生」なんて立体系もありました。ＮＨＫＢＳ普及促進のために開発した「パラボ刑事」や、ツムラの「アヒルちゃん」なども、立体系の人形キャラでしたね。

いろいろやって思ったのは、そんなに大人気にならなくても、嫌われないことが大事だなと。危なかったのは、日テレちん。自社キャラクターだから、多少饒舌だが、decency（良識）はわきまえているつもりだった。ただ、深夜のあき時間に大量出稿された時期があって、予想外にテレビから流れる「ちんちんちんちん」ベルがうるさかったようで、ネットに「うるせー」と書かれ苦労したようだ。出稿量とのバランスも気をつけないとね。次の項でお話ししますが、ドコモダケも情報の多い企業キャラだから、あまり喋りすぎて嫌われないようにと、あらかじめ口を閉じての無

アニメーションで制作したキャラクターたち。明光義塾「サボロー」（上）と日本テレビ「日テレちん」（下）。「サボロー」は、2022年に復活。

口設計にしました。

2022年の年末、突然、明光義塾のキャラクター「サボロー」の復活が決定した。この本でたびたび登場する萩原ゆかが描いたキャラは、2014年の登場時はかなりの人気者だった。それまで愉快な生徒や先生たちが描かれてきた世界に、突然登場したヒールキャラだ。塾のキャラクターなのに「サボローー!」とあおるセンスはすごい。「ついついさぼりたくなっちゃうけど、気をつけようね」と、サボりたいゴコロに注意喚起するキャラだから、共感性は非常に高い。採用くださった明光義塾の方々もお目が高い。今回はX（旧ツイッター）でのつぶやきもあるので、注目を集めるといいなあ。

ドコモダケという企業キャラ

「ドコモならでは」を体現するシンボルはこうして生まれた

「ドコモダケ」は、僕の携わったキャラで、ダントツに有名なものだ。誰でも、知っている。ドコモの圧倒的な出稿量と、「ドコモだけの施策のシンボルを」というドコモ宣伝部の方の意表をついたオリエンテーマ設定があってのことだ。

『〇〇ダケ』という響きでいうと、マコモダケは植物の茎だし、モウソウダケは竹だし、画にしにくいな。もっとフツーのキノコがキャラにはなりやすいなと。そこで初期のMacのお絵かきソフトで僕が描いたつたないキャラをプレゼンした（P.188）。キノコのカサ模様と輪郭は最終案に近いが、まだ手は隠れていて、口はバッテン（X）だ。口のバッテンはミッフィーちゃんに似てしまうからと修正して、さらに手も出して安定感をつけた。その設計途中から東北新社の企画部にいた垣内美香さんにも参加してもらって、彼女のセンスで最終案を完成させた。彼女から「このキャラ、あまり喋りすぎない方が良さそうだから、口の縫い目は両側にして、活かしましょう」という提案があった。確かに、ドコモのCMにはいろんな情報伝達事項があるので、けっこううるさいキャラになってしまうかも。「押しキャラ」よりも「引きキャラ」の方が、かわいがられそうだなと。しゃべらせないことに。

しかもこのキャラは実写デビューで、加藤あいさんと対面するぬいぐるみキャラとして登場した。アニメ化は話題になってから。3DCG化もして、ケータイストラップとして配布し、ポスターやらあらゆるメディアに拡大登場していった。そのスピーディな展開とマルチキャラ戦略は、見事に定着した。映画館での幕間ムービーになったり、歌もそこそこ流行って、カラオケでも流れていた。作曲はムーンライダーズの岡田徹さんで、作詞は垣内さんと僕らの合作でした。

ま、ここまでになるとは、思わなかったけれど、やはりドコモショップでのポスターやストラップの大量露出と、ちょっと控えめな初期設定が効いたのでしょうね。

「only DoCoMo」

人気キャラの展開力
あれよれよと、絵本になったり映画になったり海を渡ったり

あるとき、テレビ局から取材があった。ドコモダケの開発者がどれだけ稼いだか、というテーマで番組に出てほしいという依頼だった。「いやいや、そんなキャラクタービジネスを目的としているわけでもないし、著作権も代理店や得意先にお渡ししているし、そもそも顔出しは控えているので…」などとお答えしたら「一銭もですか?」「はい、給与以外は一銭も」「あ、了解しました。ではけっこうです」とお話は消えた。たぶん端から見ていると、インセンティブでがっぽがっぽ稼いでいるように見えたのでしょうね、残念でした。こうした話はプレイステーションのBI（ブランド・アイデンティティ）を開発したという話が伝わっていたアメリカの広告業界でも「おまえは、いったいいくら稼いだんだ」と。TBWA\CHIAT DAY[35]社を訪問したときに質問を受けた。海外では、こうしたキャラクターやデザインの権利関係は、日本よりさらにシビアで複雑で個人性を尊重するようにできているみたいですね。うーん、そこを狙っておくのも良かったのかな。うーん。

ドコモダケに関しては、絵本をつくらないかというお話が講談社からきた。クライアントに相談したら、ぜひ進めてくれと言うので、僕と垣内さんとで前後半を分担して書いた。とはいえ、忙しい2人なのでなかなか作業が進まなかったが、編集者らと合宿して大まかな構成と画割りとイラスト発注というベースを4日間で仕上げた。料理中に発見した「シイタケは水に浮く」というネタとか、そ

35　米国の広告代理店。アップルの広告を初期から手がけ、話題作を数々送り出した。

アニメ、CG、ぬいぐるみ、実写への登場など、
さまざまな表現で活躍したキャラクター「ドコモダケ」

の後のCM企画の参考にもなるネタをあれこれ開発して繋ぎ合わせて、絵本『ドコドコドコモダケ』はできあがった。

そのほか、ドコモダケのお面を役者さんがかぶって芝居をしたシリーズや、「ドコモ田家」というドコモダケファミリーの実写版CMを橋本愛さんらで構築したキャンペーンも実施した。さらに驚くことに、2007年には、アメリカ・ニューヨークのアートギャラリーでアート展「HOW TO COOK DOCOMODAKE?」が開催されたのだ。僕と垣内さんはドコモダケの父と母ということで招待されたのですが、海を渡っての話題化とは思いもよらぬ展開でした。

ドコモダケは、絵本や商品などのプロダクトにまで広がった。

実践編❻

CM音楽の3つのタイプ

音楽は大好きだ。その昔ロック喫茶をやっていたくらい大好きだけど、仕事に好きな音楽をあてるのは、なんだか不遜な気もする。好きな音楽を使うというより、適切な音楽を置く、という考え方に近い。

CMの音楽にはいくつかの種類がある。

えらぶ：既成曲からの選曲で、権利関係でお金がかなりかかる。歌詞や曲想が映像に合うものが選ばれる。

借りる：いわゆる「タイアップ」というやつで、放送使用料免除の特典がある代わりに、曲名やアーティストのクレジットを入れたりする。ややエンタメビジネスの匂いがするが、うまくはまれば、それにこしたことはない。僕はあまりやらないので事例は少ない。

つくる：テーマ曲やジングルや、そのCMのためにオリジナルを開発するたぐいだ。制作費はかかるが、納得性は高い。誰に頼むかは、CMディレクターと相談して決める。

えらぶ　選曲はCM音楽の王道かも

金麦のテーマ曲『Bittersweet Samba』は選曲の成功事例だろう。発売当初の商品ターゲットは40～50代男性で、その年代にアピールする曲を、ということで選ばれた。この曲は、彼ら（ま、僕も含めてだ）が青春時代に毎晩聴いていた『オールナイトニッポン』（ニッポン放送）というラジオ番組のテーマ曲だ。CMでは、このように特定の年層に刺さる曲をあてることもある。

当初は、ご本家であるジャズ・トランペット奏者 ハーブ・アルパートの原曲に寄せるなとか、管楽器は使うなとか、かなり厳しい条件でスタートしたのですが、信頼関係が構築された後はアレンジも自由になり、檀れいさんが鼻歌で歌ったり、スキャットにしたりとか、したい放題。現在もスカート（澤部渡さんのソロプロジェクト）によるロックアレンジが施されていますが、極めて印象的なメロディなので、アレンジして質感を変えても同じ覚醒感が得られるんです。名曲です。

選曲でもうひとつ印象深いのは、90年代のローソンのキャンペーンCMに活用させていただいた『チキ・チキ・バン・バン』。同名の映画のテーマ曲でした。これは歌詞採用ですね。CMテーマを捻出している際に、オリエンシートにあった「地域一番店」という言葉が気になって、「目指すは、地域一番店」というキャッチフレーズにした。競争が激化していたコンビニ業界は半径500メートルの商圏での戦いだったようで、この言葉を合い言葉に掲げていたのだ。標語のようで響きも珍しい。くりかえし発音しているうちに「チイキデイチバン、チイキデイチバン…チキチキバンバン…」とつながって、これだ！テーマ曲は！となったわけです。この曲も超覚えやすく、メローなアレンジから、マーチ風やロックアレンジまでいろいろ試せました。放送使用料は相当お高かったと記憶しております。

そのほか、歌詞の一部が広告テーマにピッタリな場合には、そこだけ使わせてもらいました。「リピュア」という健康飲料的な前向き気分のお茶ＣＭでは、♪〜だけど僕らはくじけない〜　泣くのはいやだ笑っちゃお〜　すすめ〜と、そうＮＨＫ人形劇『ひょっこりひょうたん島』のテーマ曲ですね。こういう部分選曲もありだ。特にＮＨＫ番組の曲は全国区だし、全年層に浸透していますもの。

こうしたテーマ曲は、特定の年層やクラスターに作用しやすいので、すこぶる「信号力」がある。累積することで、そのメロディを聴いただけで、金麦のことやローソンのことが想起されるのだから、そりゃあ広告効果は高いのですね。多少、いや、楽曲にかかる放送使用料が相当高くても、意味はあるわけです。

つくる　書き下ろし的な楽曲＝ＣＭソング

僕が子どもの頃にテレビ放送は始まったんだけど、その頃のヒットＣＭというのは、だいたいがジングルものだった。商品のこととかを歌詞に歌い込んでる印象的なフレーズですね。

♪〜　くりくり三角ちいさなドロップ ヴィックスヴィックス しゃれたあじ〜

♪〜　くしゃみ3回ルル3錠

♪〜　わわわ 輪がみっつ みつわ〜みつわ〜みつわ〜石けん　とかとか。

これはいま、思い出しつつ鼻歌しながら書いている歌詞で、記憶に刻まれているわけだ。

僕の関わった最近の仕事でいうと（といっても7年前だけど）、明光義塾の「YDK＝やれば・できる・子」がある。音楽プロデューサー 福島節君（ongakushitsu Inc.）に「YDKって喋りでやるとDAIGOさんみたいになっちゃうから、歌にしたいんだよね。やればできる子を応援する歌で、すこし切なくフォークとかどうかな」とお願いしてつくってもらった。プランナー 萩原ゆかの親目線の歌詞がイカしてましたね。

あと、ジングルではなくて、テーマ曲というかイメージ曲を初期ポケベルのCMでつくった。「待ち合わせしてて会えない恋人たちの切なさを描きたいんだよね」と音楽プロデューサー 吉江一男さん（ミスターミュージック）に相談したら「あ、いい奴がいるから、歌わせよう。グループにしちゃおうかね」ということでできた曲がDEENのデビュー曲『このまま君だけを奪い去りたい』でした。歌い出しの♪〜このまま〜　がすべてを決定づけた。ものすごい反響で、CMも話題に、ポケベルも話題に、歌っているDEENも、ちゃんとしたグループになって歌番組に出たり、CDも売れたらしい（そして、現在も活動中）。

このほか、ダジャレが恥ずかしくて歌にしたのが夏帆さん出演の「声出していこう」＝♪〜小枝していこう、「サティ・ザ・バーゲン」＝♪〜サテ・イザ・バーゲン　などのくせ付けもあった。あとは、プレイステーションのマナー広告で説教臭くならないように歌にしたり。歌にすることによるマイルド化は、ちょこちょこやってますね。

うたとかお　出演する人が歌うアイドルものは流行った

80年代あたりから、化粧品や美容関係、お菓子類、お買いもの関連など、なんだかんだ女性関連商品を多く扱っていたので、共感路線とか使用実感表現が効果的という慣例からか、明らかに女子出演ものが多くなっていましたね、僕の場合。特に若いアイドル起用が多く、『スター誕生！』や『君こそスターだ！』などのオーディション番組は毎週録画していたし、アイドル誌はもちろんミニコミ誌『よい子の歌謡曲』やサブカル誌『ＭＯＧＡ』なんてマニアックな雑誌まで、つぶさに研究していました。それだけ、逸材発掘が過熱していた時代でもあります。

企業側がフレッシュなブランドの顔を探して自社オーディションをするのも盛んになり、クレアラシルや東レによる新人の登竜門的な冠オーディションも生まれた。エフティ資生堂が「ミスヘアコロンコンテスト」を開催したのもその頃だ。僕も審査員をしていましたが、並み居る強豪（のちの畠田理恵や酒井法子ら）を抑えて優勝したのは水谷麻里でした。中山美穂の『Ｃ』を熱唱して、そしてなにより漫画『パパリンコ物語』のキャラクターそっくりの超美貌と思っていたら、のちにその作者である江

CMの楽曲クレジットに「うたとかお」と入れた。

ヘアコロン シャンプー&リンス「登場」篇

S:NEW恋コロン

新発売の恋コロン
髪にもコロン
ヘアーコロンはさらに
香り長持ちの

水谷：こーーいコロン

S：新しい恋を
お店でどうぞ

髪にも、コロン
ヘアーコロンです

口寿史さんの奥さんになったのだから驚きです。

CMモデルに選ばれたと言っても、いわゆるずぶの素人。CM撮影では、いろいろな対策を講じた。長いコピーフレーズはナレーションにまかせて、彼女は商品名の「恋」という箇所だけをリップシンクロするだけの仕立てにしたり、CMソングは筒美京平×松本隆という巨匠コンビに発注、スタイリングは当時『アンアン』やチェッカーズの斬新な衣装で話題となっていたスタイリスト 堀越絹衣さんを起用して、脇も固めた。さらには、楽曲クレジットに「うたとかお：水谷麻里」と記して、クスッと話題にもなった。ちなみに、第2弾は「うたとジェスチャー」。

その後も、早見優、観月ありさ、小泉今日子、斉藤由貴、鈴木蘭々、坂上香織など、エフティ資生堂の仕事では、ブランドごとにCMの顔を次々と変えていきましたが、それぞれがブランドイメージとリンクして、うまく機能していったわけです。

出演者が歌うと言えば、ローソンでも森高千里さん主演時代に、♪〜行かなくちゃ　というテーマ曲『Let's Go』をご本人の歌でお願いしました。ローソンに行くことへの習慣化をイメージしたこの曲は、夫役の細野晴臣さんと森高さんが仲睦まじく登場したＣＭシリーズとともに大ヒットした。「うたとかお」ＣＭは、シンプルでココロに響きやすいのです。

ＢＩ・ＣＩ・サウンドロゴ　記号的な短い音は超有効

２０００年頃のカンヌ広告祭（現在のカンヌライオンズ国際クリエイティビティ・フェスティバル）に行って驚いたのが、日本からの出品ＣＭのサウンドロゴやＣＩ（コーポレート・アイデンティティ）に対する会場のブーイングだ。例えば「for beautiful human life」というフレーズがそのひとつで、発音や意味に対しての違和感が主なのだろう。ビューティフルとかヒューマンとかライフとかの、日本語英語的には幸せなポジ言葉が、どうにも歯が浮くらしい。恥ずかしいのだ、ただ自らを褒めそやすような言いまわしだからと、通訳の方は言っていた。なるほど。

その一方で、同じ上映会で流れた、変わったサウンドロゴというのか、節回しには拍手が起こっていた。商品名や企業名の歌い込みではなく、♪〜ボンボコボンボンボンーという擬音語のようなお囃子のような音の構成だ。損保のＣＭで、窓からピアノが落ちてくるとか、船が突然操作不能で岸壁に衝突しそうになるとかの、思わぬ出来事をその間の抜けたサウンドロゴで締めるのだ。「あーあ、保険入ってないよね、まぬけだね、ボコボン」という意味に聞こえる。言葉ではなく記号のところが洒落てるのだ。当時それを一緒に観ていた安西俊夫さんも佐藤雅彦さんも激しく感動して「すごいね、あの音での締め方は」「応用できますね」などと仰っていた。そのあとお二人とも、ご自分の仕事に、そうした音ロゴを上手に取りこんでいた。それも、すごい。

僕はBI（ブランド・アイデンティティ）やCIの制作依頼もけっこう多い。プレイステーションの音ロゴのことは後でも触れるが、あれはPS本体の起動音をデジタル圧縮してつくった。PS1とPS2のCM冒頭とエンディングのBIに使用したのだが、その後のPS3以降も、音は継続利用されていたな。気に入られたのだろう。

ほかには、「singing AEON」のロゴマークに合わせての♪〜フフン という鼻歌音はかなり浸透した。山口智子さんの鼻歌を録音をするという体のCMも制作した。♪〜フフンは短いけど、お買いものする時のヨロコビをいちいち感じる仕立てだ。すり込み効果として機能したと思う。

そして、森永製菓のCIも手がけた。昔からの♪〜ピポパ

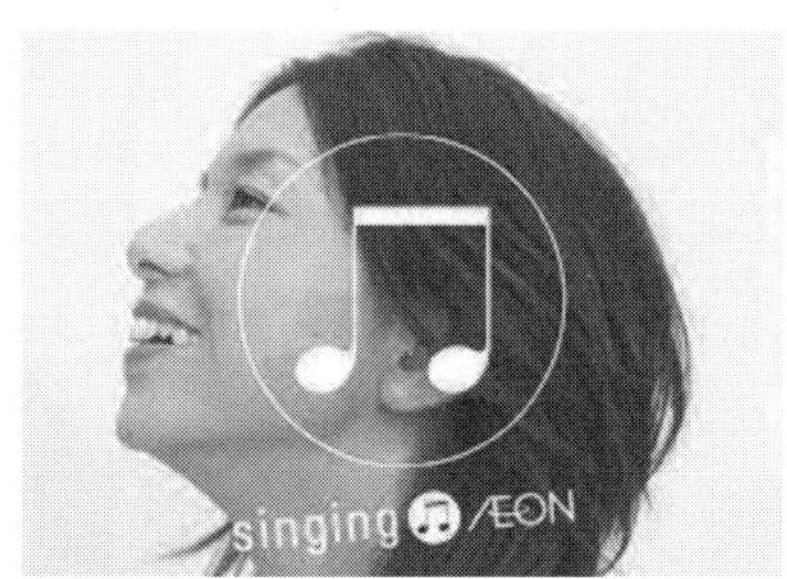

「singing AEON」(2004年)のシリーズ(左)では、ロゴマークに合わせて、山口智子さんの鼻歌風の♪〜フフンという音が入る。森永製菓のCI(右)では、お馴染みのメロディを今風にアレンジしている。

ポ　の音をいまどき風にアレンジしたものだ。これも、いちいち楽しさを加味できるようにと、ロゴアニメに音符をかわいくあしらった。ささやかなことだけれど、ささやかな幸せ感が累積できるのは、こんな時代にちょっといいのかも。

ＢＩやＣＩの音は何度も何度も使用され、受け手の中に累積していくから、その音色、旋律、質感を何度も何度も検証。ＢＩやＣＩの音って１～２秒の極めて短いものだけど、慎重に細心の注意をはらって設計し、制作していくのだ。

⓫ 岡崎京子さん

漫画家・岡崎京子さんは、桜沢エリカさんに紹介していただいた。このお2人は本当に仲がよくていつもつるんでいた記憶がある。2人とも白夜書房からのデビューだった。桜沢エリカ『かわいいもの』と岡崎京子『バージン』という名作。ともにエッチ漫画系のかすかな残り香はあった、というか若い女子の赤裸々な日常が軽いタッチの線画で綴られていて、衝撃的ですらあった。そしてなにより、セリフが素晴らしかった。セリフって言うか、会話か。

名作『リバーズ・エッジ』のいまどきの少年少女の身勝手な会話はもとより、風変わりな親子関係の『セカンドバージン』では香気なかーさんと娘たちのやりとりが楽しめたし、『バージン』では、歩道橋の上で空を眺めながら「女同士でいられるなんて、いまのうちだよ」と嘆く女子大生たちのセリフがジーンとさせてくれたり、画も素敵だったが、言葉が秀逸ですね。どこを切り取っても映画のシナリオになりそうだ。

岡崎さんとはテレビ番組『少女雑貨専門エクボ堂』の4コマ漫画コーナーとか、日清紡の企業広告の企画をご一緒した。「あんまりお金ない仕事なんだけど」と言うと「いいよ。10円ちょーだい」と、粋に快諾してくれたなあ。中哲こと中島哲也監督と、3人でちゃちゃちゃと進めた企画会議が忘れられない。そこらにあったコピー紙に、キャラを数枚セリフも数行、岡崎さんが描くと、中哲は「これ、このままでいいじゃん、8ミリで撮った実写に挟もう」とか、あれよあれよと進んでCMになった。なんか部活のようなCMづくり、楽しかった。

その後、岡崎さんは次々名作を発表するも、96年に大変な事故に遭われて、以降作家活動は中止されている。桜沢さんもイベントに出られてたけど、2015年世田谷文学館での「岡崎京子展」はほんとうに岡崎さんのすごさが集約されていたな。すこしだけ同じ時代をかじれたのが嬉しい。

⓬ 岡田徹さん

（岡田さんは、この原稿を書いている2023年2月14日のバレンタインデーに心不全で亡くなられてしまいました。）

日本の老舗ロックバンド「ムーンライダーズ」[36]のキーボーディストである。岡田さんとは、大学時代に通っていた渋谷の伝説的ロック喫茶「ブラック・ホーク」で何度かお会いしたことがある。1970年代だから50年前ですね。はじめて僕が「小梅ちゃん」の仕事を任されたときに、青山スタジオでの打ち合わせで同席して「あ」「あの時の…」「ブラックホークの…」と確認しあって、そのままレコードショップ「パイドパイパーハウス」から渋谷・百軒店の「ブラック・ホーク」跡地や現存するロック喫茶「B・Y・G」などを巡るセンチメンタルジャーニーで意気投合して以来の、同志（と岡田さんが呼ぶ）なのである。

ムーンライダーズというのは、リーダーの鈴木慶一さん曰く「世界のロック&ポップス史のピーク・エクスペリエンス」を積んできたと。マージービート、バーバンクサウンド、ニューウェーブ、フレンチポップ等々の上澄み（ピーク）を体得してきたバンドだと。そのバンドの頭脳でもあり研究者でありデジタル化の推進役でもあったのが岡田さんだ。日本ロック界での影響力は計り知れない。

僕もCM音楽史上類を見ない、実験的なあれやこれやをご一緒した。街角でのDAT録音をMac上で編集・加工した多分日本初のデジタルラジオCMをつくったり、プレイステーションのBーや各種サウンドロゴをトライしたり、「マキミキコヨーテ」というカウガールコンセプトのneoウェスタン・デュオを番組用に開発したり、『エクボ堂』というテレビ番組の主題歌を「チロリン」（文化屋雑貨店の店員として知られていた島崎夏美さんも所属した女子バンド）に歌ってもらったり、あ、もちろん岡田さんの得意なキュンメロで「小梅ちゃん」ほかのCMソングもいくつもつくっていただきました。2019年には渋谷のLi・Poで岡田さんとのトークショー「ネオアコきいて、キスして、文化屋雑貨」を島崎夏美さんと3人でやりましたね。いい想い出です。

36　1975年結成のロックバンド。僕の博報堂入社と同い年である。

実践編⑦

フレームと構造的企画

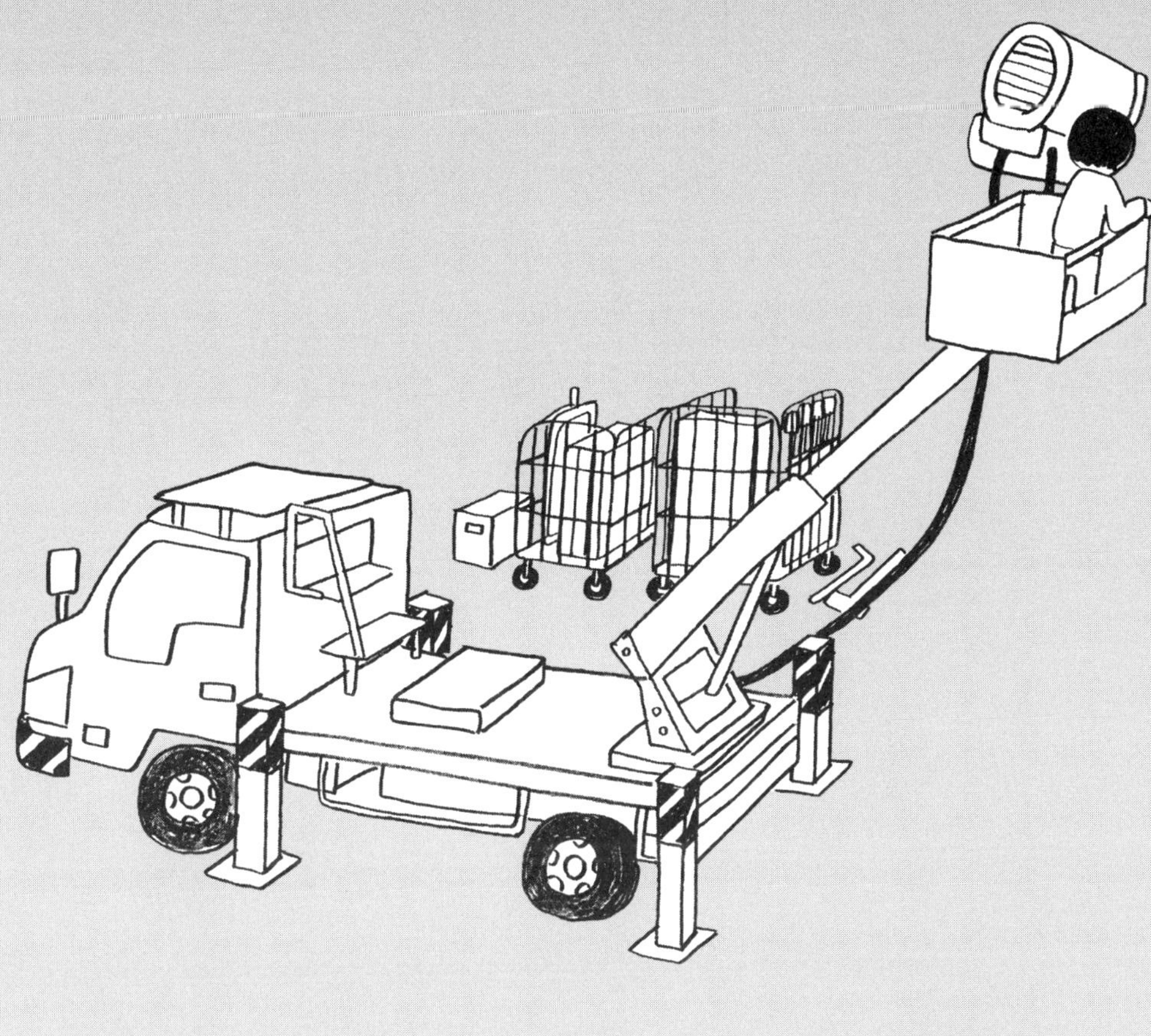

建築志望だったと書きましたが、物事を図式的に、パース図にしてみて考えるところがある。企画の枠組みに時間軸をからめたり。ごちゃごちゃした落書き図をノートによく描いていた。そのせいか、理系卒の子が部下につくことが多かった。京都大学大学院を出た佐藤恵子さんは最後の直属の部下だった。「学校で、なにをやっていたの?」と聞いたら「4次元です」と答えられて言葉に詰まった。「3Dに時間軸を足すと4次元なんです」と。くやしまぎれに「なんか、そうだよね、CMの仕事も、時間軸が大事だから、4Dだね、ハハハ」と。

一発勝負のCM単体企画は、それはそれで面白いのですが、年間のキャンペーンとか、メディアミックス含みとか、短期集中複数オンエアとか、「群」で考えるものは、別の盛り上がりがある。「くくる」「たばねる」「まとめる」ための構築はパース図的だもの。面白い。

年間フレーム企画

1993年から97年までのローソンと、2003年から08年くらいまでのAEONのキャンペーンを手がけた。コンビニと総合ショッピングセンターなのでターゲットも違うし展開も違うのだけれど、こうした流通業界には、年間のおおまかな催事やキャンペーンの進行予定表があるので、そのスケジュール表に沿って、1年間の広告の組立をするのだ。枠組みごと考えるので「年間フレーム企画」と言ったりした。CMやポスターに登場する人々の役柄や配置や、その展開場所を設定し、テーマ曲を決めたり、シンボルマークをつくったり、メディアミックスも店頭告知チラシやのぼりの文言までも含めて、総合的に骨格から考える企画である。

AEONの場合は、お買いもののココロを歌う「Singing AEON」というテーマコピーを置き、その中心に山口智子さんをお客さま代表として配置した。そして、山口さん主演のメインCMフレームのほかに、♪～20日30日5％オフ～　という歌を軸にしたお客さま感謝デーのカレンダー広告フレームや、情報伝達に徹した文字情報を軸にした告知フレームなど、いくつかの広告フレームを走らせる形にした。

こうした「フレーム」という受け皿の考え方で、効率的に、適宜企画をあてていくのだ。現在は、「犬のお父さん」フレームとか、「三太郎」フレームとか、ケータイ各社などさまざまな業界で、こうしたフレーム広告が進化しているが、ローソンなどは、かなり先駆けだったと言える。視聴者のみなさんが、そのフレームの構成要素を把握して人間関係や役割をおおよそ理解してくれているので、テレビドラマや映画のような連続したストーリーがなくても、短いCMの集合を楽しんでもらえるのだ。これは、行間を読んでもらえる仕組みだとも言える。

パーマネントセット「ローソン通り」という街からつくったフレーム

ローソンでは、「それいけ！ローソン通り物語」というビッグスケールのフレーム企画が実現した。とある街にできたローソンの新店舗と、そこで張り切る新店長、という設定を置いた。高嶋店長である。高嶋政伸さんの一生懸命で前向きなイメージを軸に、とりまく店員たちと、買いものに来るお客さまをキャスティングした。初年度は、店員に筒井道隆さん、野宮真貴さん、鈴木蘭々さん、吹越満さんで、店側5名、対するお客さまは斉藤由貴さんという構成でスタート。店舗は撮影用のオープンセットで、斉藤さんの家周りはスタジオ内にセットを組んだが、撮影頻度のすこぶる高い仕事で都度都度スタジオセットを組むのは制作費的にも大変で、撮影構造から考え直さなければならなかった。

次年度は、大きく設定変更した。キャストも店側とお客さん側を5対1から3対3のバランスに変えた。これは、単にお客に対して店員が多すぎたという反省からで、適正なバランスにした感じだ。なによりの大転換は撮影用のパーマネントセットを置いたことだ。P.210の図にあるように、TBS緑山スタジオの資材置き場だった場所（『風雲たけし城』のセットの近く）をお借りして、そこに内部撮影もできる店舗と、中山美穂さん・大塚寧々さん姉妹用のハウスセットを置き、そのほか、外観撮影用のモックハウスも数軒、アスファルトの道まで敷いた。毎回のスタジオセット制作費を考えると、その方がはるかに効率的というプロデューサーの優れた判断だ。しかも、その撮影場所の近くにファックスとコピー機を置いたプレハブを建てて、僕ら企画スタッフも待機したり企画作業をしたりしていた。そこから始動したのが「それいけ！ローソン通り物語」だった。撮影用に街をつくってしまったという、かなりの大技仕事だったが、コスト面ではもちろん、いつでも新しいテーマやセール情報のCMが撮影できるという利点は他に代えがたく、この設定は長期にわたって使用された。

パーマネントセットというのは恒久的に使える撮影セットのことですが、日本だと京都・太秦にある東映京都撮影所の時代劇セットが有名。ハリウッドなどでは大規模なものがいくつもある。15年ほど前、僕は

ローソンを中心に街を描いた「それいけ！ローソン通り物語」では、街のセットを常設し、撮影していた。

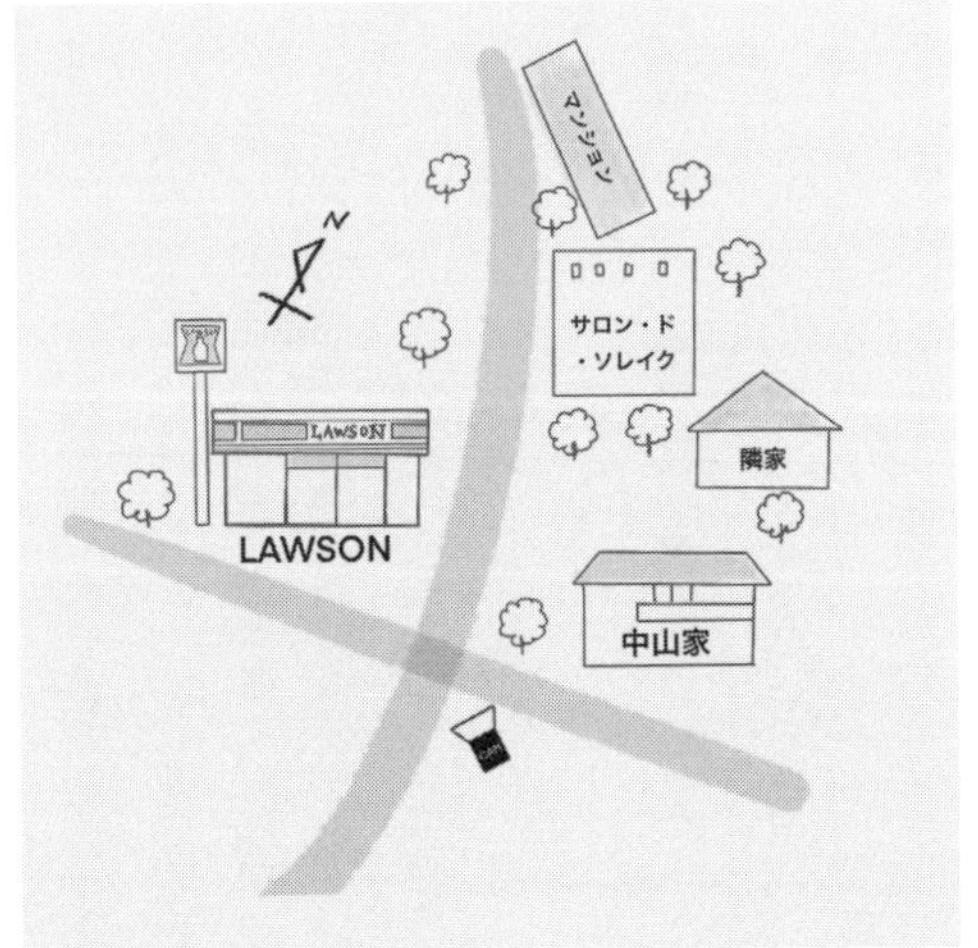

ハマっていたドラマ『デスパレートな妻たち』をシンガタ同僚の佐々木宏さんにお薦めしていたのだが、その数年後、ドラマのパーマネントセットがあったあのウィステリア通りを使って、トヨタ自動車「TOYOTOWN（トヨタウン）」のCMは展開されていた。すごいな佐々木さん。

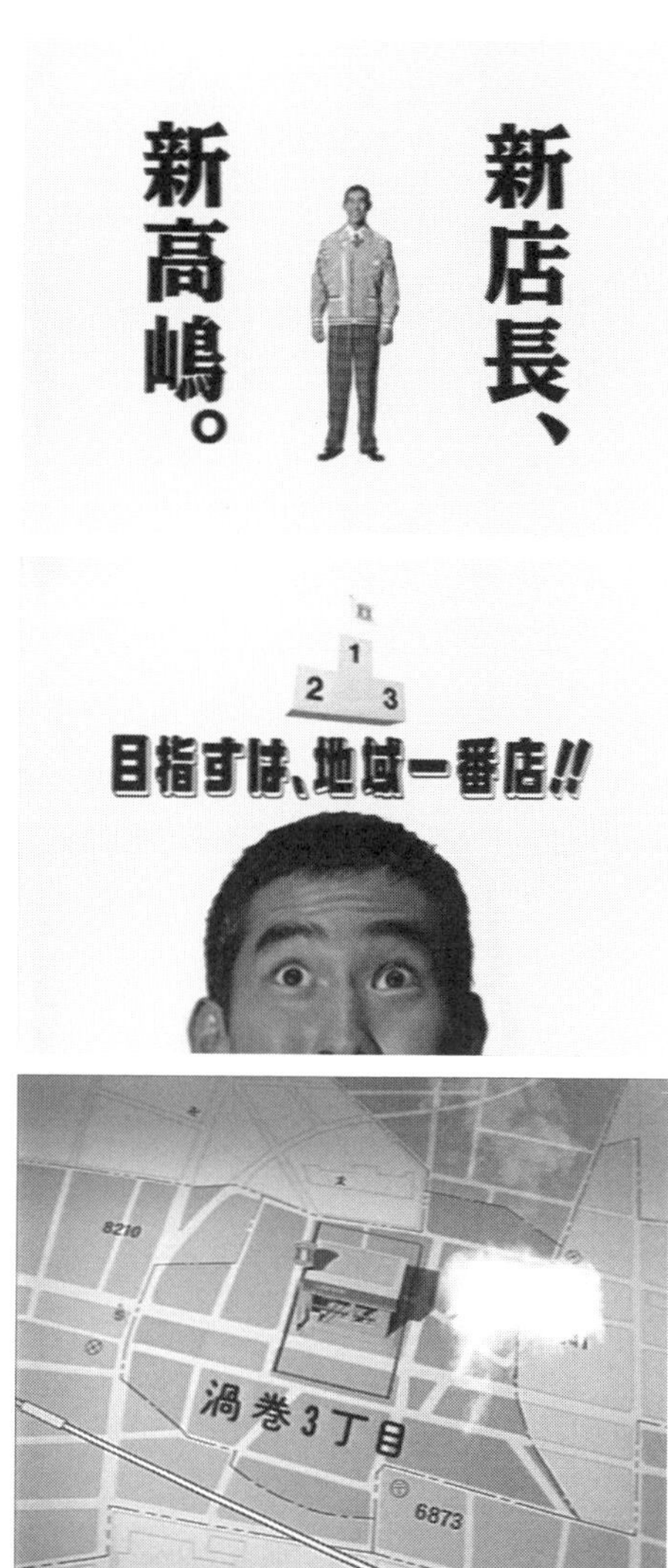

高嶋政伸さんが店長を務め、店員や街の人としてさまざまな俳優やタレントが出演した。

メディアミックス「エクボ堂」
テレビ番組×テレビCM×雑誌広告という斬新な試み

たぶんいままでの仕事で一番、立体的だったのではないでしょうか、「エクボ堂」という枠組み。立体的というのは、メディアを多彩に、横断的に活用したわけです。商品名をタイトルにしたテレビ番組と、その番組内テレビCMと、雑誌『オリーブ』(マガジンハウス)のセンター見開きページの広告出稿という3軸を中心に、グッズやイベント、主題歌制作など、さまざまに展開したものです。

1986年、資生堂のティーン向け商品の広告を「博報堂」が企画した「エクボ堂」、という「堂」つながりのプレゼンでした。資生堂宣伝部のO課長という方が「くろす君、なにか面白いこと企画しなよ、サムシンニューだよ」と仰ってくださったところへ、たまたま電博担当商品の入れ替えもあって、僕のところにあの「エクボ」が転がり込んできた。これはチャンスと。それまでも『恋コロン』や朝シャンの『モーニングフレッシュ』など十代商品は得意としてきたけれど、その集大成というか、サムシンニューだし、思い切ったことを企画しようと。同じチームだった八幡功一君や小口達也君と、タレント看板広告じゃなくて、少女の気持ちと情報欲求に通じる「回路と情報力」というテーマでティーンズハートをつかもうぜ、的なプレゼンをしたら、ウケたのです。

音楽のところでも触れたけど、音楽界隈・テレビ界隈を巻きこんでの、強力な人脈シンジケートも構築した。ムーンライダーズの岡田徹さん・鈴木慶一さん、漫画家の桜沢エリカさん・岡崎京子さん、コピーの小林ユカさん・内野真澄さん、スタイリストの堀越絹衣さん・近田まり子さん・岡尾美代

資生堂／エクボ堂　洗顔フォーム
「銭湯おばあさんごっこ」篇

久美子：こうしていると、若い頃を想い出すねー。
智子：へーへー、あのころは良かったですねー。
久美子：あんたも、ニキビに悩まされたりしてのー。
（ふたり銭湯で、タオルで遊んだり、牛乳飲んだり）
智子：そーゆーばーさんこそ。
ふたり：おーほっほほ、おーほっほほー
NA：おやー、のんびりお風呂とはご機嫌ですね。
寒い季節もキチンと、
エクボ洗顔フォームとアクネローション.
ふたり：極楽、極楽。
おーほっほっほー。

資生堂／エクボ堂　薬用ジェル
「ナンパ」篇

久美子：ゲーロゲロ、ちょっと智子
聴いてよ、いま、そこでナンパされたの
ふたりいたのねー、ひとりはさ、
背は高いんだけどー…。
NA（智子）：いつも、くみこばっかナンパされる
あたし、あんまりされたことない
S：おかしい
智子：別にうらやましくなんてないけどー。
別にうらやましくなんてないけどー。
S：キレイになってやるぞ
智子：別にうらやましくなんてないけどー…
NA：まずは、ツヤツヤの唇から
薬用なので香りが楽しめる、唇輝く
ＬＧエクボ薬用ジェルとその仲間達。

子さん、『オリーブ』編集部や資生堂美容技術研究所、テレビ東京演出部、オムニバス・ジャパンのハリー部のみなさん、電通映画社を辞めたばかりの演出家 亀石美明さん・本田昌広さん、女性CM演出家第1号 加茂好美さん、読者モデルのハシリ、島崎夏美さんに、伝説のガールズバンド「チロリン」の皆さん等々、書き切れん。テレビ番組のコーナーも企画したので、毎週毎週テレビ東京に出向いての企画会議など、テレビ局の速度と粗さにうろたえながら、サムシンニューは突き進んだのでした。こうしたターゲット世代との連帯感というのか、回路でつながった感じは、なかなかないことで、ホント、貴重で、面白かった。

構造的な企画1　日清紡「絵里子の日々」の壮大な仕組み

１９９０年のＡＣＣ賞（現在のACC TOKYO CREATIVITY AWARDS）で企画賞をいただいた、日清紡の「絵里子の日々」というシリーズ広告。個人賞のハシリだったような。この企画を映像なしで説明するのは難しいのだが。図で説明してみましょう。P.２１６～P.２１７の右にある図が企画の概念図。左は実際につくったＣＭのカット表です。

日清紡という会社は、現在も楽しい動物シリーズのＣＭをワトソン・クリックの中治信博さんらの企画で展開しています。もともとの紡績会社というところから変貌をとげて、さまざまな方面での技術革新をして製品やサービス開発を続けているすごい会社です。当時の企業スローガンは「センイからメカトロニクスまで」。当時のオリエンは、それらをつぶさに紹介してほしいというもので、オリエンシートにあった対象商品や技術は何十件もあり、ＣＭの秒数で簡単に説明できるものではなかった。

そこでクライアントにお伝えしたのは、「それぞれの製品技術は画面で印象的に見せます」「細かく説明はしませんが目を惹くようにします」「技術のシズルや気分はなんとなく伝えます」というもの。絵里子さんというフツーの会社員を主役に置いて、その人の人生や生活の断片に商品を見せようとする企画でした。彼女は婚活中であり、カレシを探している設定。良さそうな男「城山君」と①出会う②デートする③いまいちでがっかりする。次にスポーツマンの「高木君」と④出会う⑤デートする⑥またしてもがっかりする、という6本の30秒ＣＭで構成する仕立て。その1本1本に3商品ずつ計最大18商品を紹介するというもの。当時日清紡は週1回の番組ＣＭ30秒枠をもっていたので、最初の週は城山君①、次週は城山君②、次は城山君③、その次の週からは高木君①、高木君②、高木君③と流していき、7週目にはまた、城山君①を流すのだ。毎週毎週その番組を観ている固定層は、絵里子さんがずーっと出会いと別れを繰り返しているという、面白さに出会うのでした。ＣＭを観ていただくとわかると思いますが、カット表でなんとなく推察してください。ＡＣＣの審査員のかたは、この企画の労力と緻密さをかってくれたのかなと。たしかに労作です。ホント。

構造的な企画2　カゴメ「野菜生活」の30タイプＣＭ

商品風景の項で紹介した「野菜生活」のＣＭも、かなり構造的な企画だ。カゴメ1社提供での女子

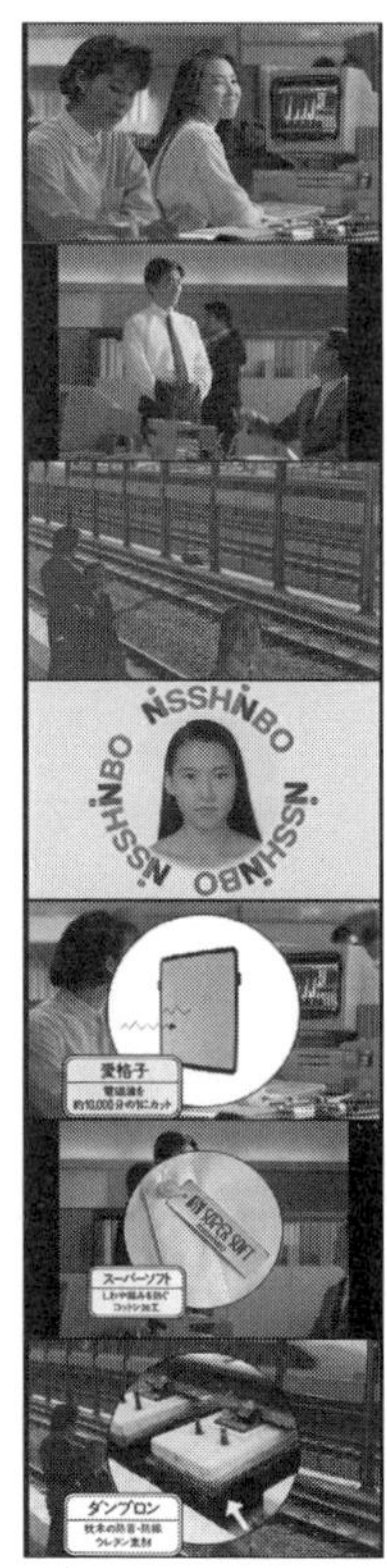

1週
シーン1
出会い
シーン2
城山君
シーン3
城山城山
NISSHINBO
シーン1
商品1
シーン2
商品1
シーン3
商品1

日清紡
「絵里子の日々　城山1」篇

友達：いい男って、いないわよね。
絵里子：あ…。
上司：城山君にはかなわないな、はは。
絵里子：城山、城山…
M：♪～
NA：城山君もいいですが
　　今日、絵里子さんは
　　3つの日清紡に出会いました。
　　おさらいです。

　　電磁波からガードする「愛格子」
　　究極のしなやか綿スーパーソフト
　　新幹線にも使われるダンプロンです。

　　センイからメカトロニクスまでの日清紡

5週

シーン13
スポーツ男

シーン14
疲れる

シーン15
なんだか

シーン13
商品1

シーン14
商品1

シーン15
商品1

「絵里子の日々　高木２」篇

絵里子：高木くんって、
　　　すっごいスポーツって感じなの。
SE：水の音
高木：もっと腰入れて！ よし！
（車の中）
高木：グー…
絵里子：ダーッ……
M：♪〜
NA：デートはいまいちでしたが、
　　絵里子さんは今日、
　　３つの日清紡に出会いました。
　　おさらいです。

　　やわらかティシュのピーチデラックス
　　素肌を守るUVカットのサンシェルタ
　　急ブレーキのスリップを防ぐABSです。

　　せんいからメカトロニクスまでの日清紡

「絵里子の日々　城山２」篇

友達：これからデート？
絵里子：ううん、ディナー
SE：雨音
城山：ここにしましょうか。
絵里子：あ……
城山：今日はほんとに楽しかったですよ。
絵里子：どォも……。
M：♪〜
NA：ディナーはいまいちでしたが、
　　絵里子さんは今日、
　　３つの日清紡に出会いました。
　　おさらいです。

　　コットンなのに水弾く、フレッシュプルーフ、
　　電飾ボードの合成紙、ピーチコート、
　　雨の日も安心のブレーキ、ABSです。

　　せんいからメカトロニクスまでの日清紡

マラソン中継でのオンエア。約3時間のマラソン中継だと、CM枠は180分の10分の1で18分あるのだ。前後はほかに譲ることもあるが、それでも約30本の30秒CMが必要になる計算だ。もちろん数本のCMを何回か流すというのが一般的だが、せっかくの通し番組なので、同じフォーマットのバリエーション企画を30本つくりましょうという提案をした。篠原涼子さんが、冷蔵庫の野菜生活を出したり、通過したり、飲んだり、という風景を綴ったCMで、オンエア直後はかなり話題になった。朝日新聞のコラム『CM天気図』[37]などでも紹介された。

SMAPの皆さんを起用した、NTTの夏のサンクスフェアは、シンプルに5人それぞれの企画をしてみた。忙しくてあまり夏休みも取れないだろうそれぞれが、同じ鼻歌（企画時は吉田拓郎の『夏休み』、実際はSMAPの『あの夏の日』）を歌いながら、それぞれの自分時間を過ごしている設定だ。中居正広さんはコインランドリー、草彅剛さんはベランダで洗濯干し、香取慎吾さんはチャリで商店街など、最後にそれぞれが、ぼそっと「夏休みかぁ…」と呟く。きれいに揃ったシリーズ企画で、SMAPのものにしては地味だったけれど、それぞれの人となりがにじみ出ていて、僕は大好きだ。

複数のCMを、ある法則や順列でつくるのは楽しい。中身を考えるのもだけれど、その相関関係や、行間を想像するのが、たまらなく性に合ってる。ほかにも、ドラマ展開するCM群や、連続ものなどなど。次のところで、ご紹介します。

対構造　2本の「対」になったCMを同時期に流す作戦

ＣＭ１本あたりの賞味期限が気になることがある。同じものを何度も観ることの「飽き」への懸念だ。バリエーションをつくったり、続き物があったらいいのにと思ったりする。

そんなことから、商品企画からの、あらかじめ対峙するセット企画をしてみた。「金の紅茶」と「銀の紅茶」という2商品企画。同時発売で、同等クラスのタレントで、パラレルに2本のＣＭを同時期放映する。ほぼほぼ対決姿勢だ。面白いという意見はあったが、金と銀とが優劣の差がありそうだということで案は消えた。ただ、この時「対」は面白いなと思った。

いくつかの「対」企画が実現できた。ひとつは2本のＣＭに同じ回想シーンが入るというもの。唐沢寿明さんと中山美穂さん扮する元恋人同士が「30才のラガー」と「25才のラガー」というテーマで、それぞれにビールの苦味とかがわかってきた年頃のエピソードを綴る。その中に、かつての2人のほろ苦い「別れ」の同一シーンがインサートされるのだ。これは、相当オンエア量もあったので、その相関関係が認知され、かなり話題にもなったＣＭだ。

もうひとつは「新方向ファミリア」（マツダ）というクルマＣＭで。セダンとスポーツタイプ2台それぞれのＣＭが別々の展開で同じ立体駐車場に居合わせるというもの。ラストシーンで。そのどちらかに乗りたい父に「あ、これ、パパの乗りたいクルマだよね」という娘のセリフが共通で聞こえるという仕立て。それに気づいた人に「面白い」と褒められた、渋いやりとり。

3つめはＡＥＯＮのクリスマスギフトのＣＭで、夫婦がそれぞれに、「今年は、なにを、贈ろうか」とお互いの所作を眺めながら、思いつくという仕立て。フライパンを持つ手に「あ、手袋！は去

37　天野祐吉さんが朝日新聞日曜版で展開していた広告時評のコラム。

彼(唐沢寿明)と彼女(中山美穂)のそれぞれのストーリーの中で、別れの回想シーン(太字部分)だけ、同じ映像が入る。2本のCMを観て、視聴者は初めてその相関関係がわかる。

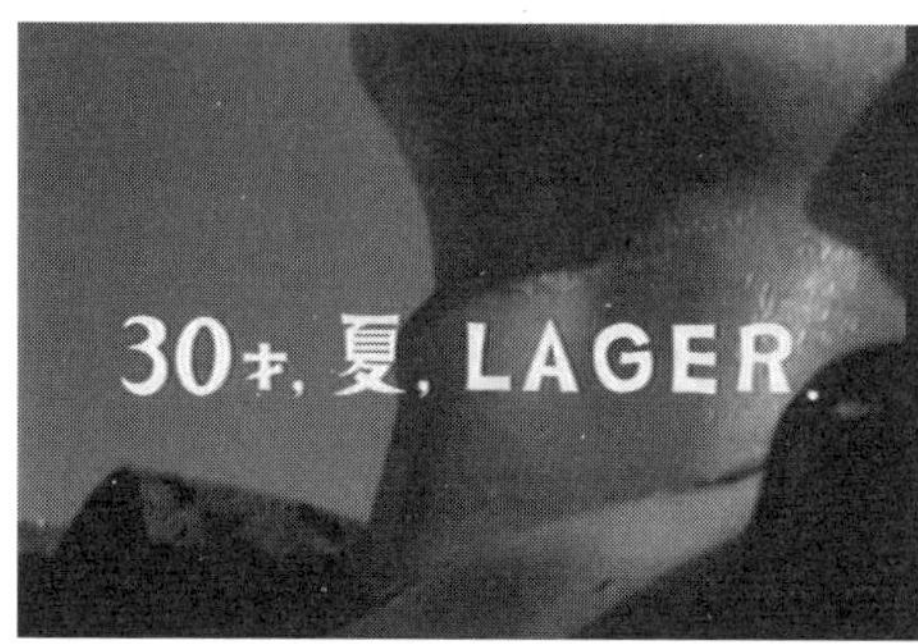

キリン／キリンラガービール
「30才の夏」篇

M：♪〜(大滝詠一)
(海で泳ぎ、シャワーを浴びる)
彼：まだまだ生きれるよな、俺。
(会社で)
彼：はい、申し訳ありません。
(海辺で倒れて、別れのシーンを思い出す)

(彼女の部屋)
彼：じゃあ。
彼女：さよなら。元気で。
(ビールを飲むシーン)
彼：ビールとか、わかってきた。
S：30才、夏、LAGER.
彼：キリンラガービール

「25才の夏」篇

M：♪〜(「ナイアガラ・ムーン」)
(女友達と海辺を歩く)
彼女：いいわね、あなただけ。
友達：いいなー
彼女：幸せになってね。
(友達をプールに落とす)

(海辺で友達とはしゃぐ)
全員：はーい
(会社で)
彼女：私何やってるんだろう。
(海で友達と写真を撮る)

彼女：行くよ
(彼女の部屋)
彼：じゃあ。
彼女：さよなら
(カメラからフィルムを引きだす)
彼女：ビールとか、わかってきた。
S：25才、夏、LAGER.
彼女：キリンラガービール

年でした」とか、新聞を読む手に「あ、お財布、がいいかな」とか、想像するという流れで、2本のCMがほとんど同じカットで構成されているという、緻密で複雑な仕立てだった。これは、15秒CMが2階建て30秒で続けて流れたため、みなさんに、その面白さは味わっていただけたようだ。CMを楽しんでもらうためのこうしたアイデアも、ちょっといいでしょ。

連続モノ　15秒で語りきれない「行間」を埋める連続CM

商品やサービスが好調だと、CMは続いていく。森永ダースは人気商品で、かつてオザケンこと小沢健二さんがCMに出ていた頃からの長寿商品だ。僕は、宮﨑あおいさんには「走りダース・なみだがこぼれダース…」というかわいい文末ダジャレをしてもらったり、水原希子さんには水原チョコになってもらったり、いろいろやらせてもらいました。

キャストが波瑠さんになった時に、粒チョコレートの原点に戻ろうという話になり、考えたのが次（P.222）の「12つぶの物語」という連続ものCM（2013年）。ダースという商品は、12粒。もともとその1ダース＝12個を示す意味で「DOZEN」と表記されていたのが、あるときから「DARS」表記に変わった。読みやすいからかな。特徴は、12粒のつまみやすく食べやすい粒チョコレート。だったら、12本CMをつくろうという、すこぶるシンプルな流れに。

演出の垣内美香さんとは、波瑠さんらしい設定を置こうと。12話のおおまかな流れと、都度都度、ダースらしいシズルカットや、商品特徴を感じる画を考えよう。ま、やはり、恋の話があった方がいいなと。相手役に前野朋哉君というあんまりカッコよくはないけど、憎めない男子を置き、設定はのどかな町工場でのお話に。で、例の語尾ダジャレは活かしていこうと。

エレベーターで乗り合わせた2人。「何階ダース?」「あ、じゃ、4階ダース」「物語は突然始まりダース」。途中、ダース体操や、ダース社内恋愛を絡めながら「好きダース」「好きじゃないダース」と展開して、「この恋の行方はdars.jpで」と締める。結局振られちゃう波瑠さんでしたが、ポケットの中にあったダースの箱から、ひと粒つまむと、気持ちはダースの方へ「あら、うまい」てな感じで、立ち直るのでした。

こうしたストーリー仕立ては、1本15秒のサイズでは語りきれない行間を、視聴者が埋めてくれるのですね。短くても、おおまかなココロの流れは、つかんでもらえるようだ。

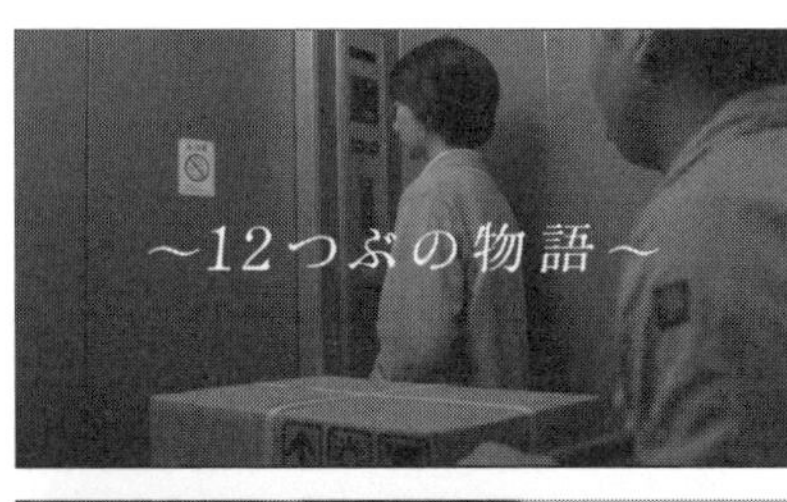

12本の連続WEBムービーで展開した「ダース12つぶの物語」(2013年)。CMは、そのダイジェストのようなかたちで構成した。

なりゆきまかせストーリー　臨機応変にストーリーを変更

ディー・エヌ・エー（DeNA）の「いい大人の、モバゲー。」、この仕事はTCC賞（東京コピーライターズクラブが主催する賞）をもらったりしちゃいました。僕は会員じゃないのに。TCC賞は大昔にCMプランナーが応募できなかった頃の出会い方が悪く、ずっと無関係を決め込んでいたのですが、このときは小山佳奈さんと権八成裕君というお2人もいたので、嬉しく、いただきました。

いや、実に好きな仕事なんです。小山さんが書いた「いい大人の、モバゲー。」というコピーで、すでにいい仕事になることが約束されてましたね。「いい大人が…」という嗜めの慣用句からの引用が効いている。しかも、ディー・エヌ・エーというクライアントはさすがデジタル系で、毎週の反響を重視するので「話題になること優先で」という希有なスタンスでありました。もちろんゲームなので、ゲームの心象シズルとか、ソフト内容にリンクするとかは意識するのですが、それはプレステで培っているので、お手のもの。あとは、いかに話題にするかでした。

クライアントからはもうひとつ、ドラマ『ふぞろいの林檎たち』の世代も意識したい。できればキャストも近くしたい、というお題があり、脚本家・山田太一さんを尊敬している僕はあまり隣接したくはないなと、すこし距離を置いた設定を置いてせめぎ合い、時任三郎さん、柳沢慎吾さんに、麻生祐未さんという布陣でスタートしました。「あの頃」から時は経ちモバゲーしつつも「いい大人」になった彼らの再燃する恋物語の展開、というあたりのテーマで、ゆるく。

この仕事、何話完結とかのゴール目標がない展開で、しかもガラケーからスマホへの転換期も近く、ストーリーは刹那的に揺れ動きました。途中からは、中井貴一さんも起用したいという意向もあり、

ディー・エヌ・エー／ブランド広告
「いい大人のモバゲー 海」篇

圭介：懐かしいなあ。
千尋：よく来たよね。
　　はっは。
　　あの頃に戻ったみたい。
圭介：なんか、いい女になったな。
　　離婚して。
亘：千尋は昔からいい女だよ。
千尋：また昔みたいに付き合ってみる？
圭介：何、言ってんだ。
千尋：じゃあ、亘はどう？
亘：モバゲーが終わったらな。
NA：いい大人の、モバゲー。
亘：あ…。

ディー・エヌ・エー／ブランド広告
「いい大人のモバゲー 同窓会」篇

圭介：8年ぶりくらいじゃないか。
　　…いま何やってんだ？
亘：モバゲー。
圭介：仕事だよ。
亘：千尋、離婚したらしいよ。
　　やっぱりお前と結婚すりゃよかったんだよ。
圭介：……。
千尋：おっす。
亘：千尋。
千尋：久しぶり。
圭介：……。
NA：いい大人の、モバゲー。
亘：あ、終わっちゃった。

そのためのストーリー転換もしたり。麻生さんの娘役に二階堂ふみさんを絡めたり。途中から企画に参加してもらった垣内さんや権八君と、ふらふらと彷徨いながら楽しく進みました。

ＣＭには珍しいスピンオフ企画も2本できました。「おう、あいつが来るんだってさ」「誰よ」「俺だよ」と中井貴一さんぽい男がシルエット登場するとか、「ここまでの、人間関係を整理しましょう」と図で説明したり。それはそれで、とても珍しく楽しみながらつくりました。このシリーズは、ＴＣＣでも部門賞をとったりして、話題にもなっていましたね。「いい大人の」という小山さんが書いたフレーズが刺さったのでしょう。

ザ・ドラマＣＭ　ドラマ的な配役・ストーリー展開をＣＭで綴る

たぶん、この「ドラマＣＭ」という言い方は、僕がはじめて使ったのかも。コンビニやクルマのＣＭで複数本のＣＭでのドラマ的なプロトタイプをいくつか考えてはプレゼンしていました。ストーリーに寄せるか商品を立たせるか、なかなかのせめぎ合いで、15秒での舌足らずな感じは否めませんでした。その辺を見事に解決して見せたのは、演出のつかこうへいさんです。

「ラ党の人々」（1990年）というドラマＣＭの原型になるものを、一緒に企画しました。「人生なんて、キリンラガービールだよ」と一瞬意味不明なフレーズですが（このフレーズは勝新太郎さんでした）、役者さんが商品名に感情を込めて発音すると、場は一気にドラマ的に変貌するのでした。制作を全うするには至らなかったので、オンエアの効果感は不明ですが、点描的なストーリーの行間は視聴者が補ってくれるような感触は持ちました。なかなかの実験でした。

その数年後に、完全なドラマＣＭをつくる機会に恵まれました。「ケータイ家族物語」（２００２年）です。

このドコモの新ＣＭシリーズは、あらかじめプロローグとエピローグを含めての12話完結が前提でした。父親の仕事や子どもたちの巣立ちで家族がバラバラに暮らすという設定を置き、その人間関係やココロの距離をケータイやテレビ電話などが繋いでいくという仕立てでした。

プレゼンコンテも、ドラマの脚本のように縦書きに。その気持ちを前書きに記した企画書（P.68）は、手前味噌ですが自分史上最高にいい感じの企画書かなと。あらすじや商品配置も上手に設計できていますし、さらには、この仕事は、萩原ゆか脚本と市川準監督という名コンビを生みました。市川さんはその後の自作映画の脚本に萩原を誘い込んで、一緒に企画をつめていました。ちょっとうらやましいような微笑ましい風景でしたね。

⑬ 前田良輔さん

僕は、前田良輔さんを、発見した。クルマの企画をしている時に、プロデューサーが連れてきた企画の人だった。若くて寡黙で無愛想で、まあ、あまり期待もしないで、コンテをまとめてもらおうなんて思っていた。そしたら「企画、見ないんですか」としゃべった。3枚ほどの企画が置いてあったが、目を通すと、どれもすこし複雑だったが、図抜けて面白い。なかでも、スチールカメラで1コマずつクルマの外側から内側に入りながら撮る、いまならCGでやるような手法をアナログで構想していたのだ。前田さんは黙っていて説明しないから、ほかのCDは素通りしたのだが、僕は名前をしっかり記憶した。

前田さんとの最初の仕事は、『エクボ堂』の番組内CM「少女行脚シリーズ」だ。みっちりタッグを組んで、プランナーとディレクターという関係性をとことん追求した仕事だった。「銭湯」篇、「チャリンコ暴走族」篇、「もんじゃ焼き」篇などなど、鈴木蘭々さんと相方の少女ふたりが繰り広げる勝手気ままな行脚もの。CMでは珍しいシナハン[38]に出かけ、おおよそのロケ場所と、テーマと、絡める商品を決める（この3つ目が特徴的で、数ある資生堂トイレタリー商品から話に合うものを選べたのだ）。今回は「お悩みごと」がテーマだから、ニキビ話でエクボに落とそう、とか、銭湯でムダ毛の話だからクイッキーね、とか。普通は商品あっての企画だから、企画が商品を決めるなんて、めったにない。

撮影した後は、前田さんが自由に編集して、そのオフラインVTRを観ながら、僕がアテレコ的にナレーション構成をつくる、みたいな分業システムにした。以来、中山美穂さんの「それいけ!ローソン通り物語」や山口智子さんの「Singing AEON」など、前田さんとのいろいろなビッグプロジェクトも基本、この方式でしたね。

38 シナリオハンティングの略。企画や脚本執筆のための事前取材。

⑭ 山内ケンジさん

山内さんのCMは、異質だ。異端だ、とも書ける。異常だ、は言い過ぎか、いや、ちょうどいいかも。ヤキソバンにニャンまげ、NOVA、白戸家、僕がご一緒したパスポート新鮮組、「ナオミよ」などなど、世の中で話題になった大ヒット作でも、どこかにかすかに狂気をはらんでいる。視聴者はクライアントが気にする以上に「狂ったことが好き」なんだよね。これが、自由度の高いCMや舞台やショートムービーとなると、さらにその狂気はキレ味を増す。

山内さんのショートムービーの名作に『bunkatsu』(QUOQ short film)というのがある。分割払いのことを、男女関係のもつれと手切れ金の金額交渉を舞台に延々と展開するのだ。値段交渉の末に、結局手持ちがなかった初音映莉子さん扮する別れたくない女子が「分割にして！」と懇願するところで、分割の説明が入る。そのやりとりが長いけど、どこまで引っ張られるかわからない快感の果てに、物語は見事に終わる。観る人を操っているのだ。

こんなこともあった。TBC企画会議で、黙ったままだった山内さんが突然「できた！

完璧だ」「え、どんな企画？」「キャストも、芝居も、セットも、音楽も完璧だ。15秒の編集もできあがった」「え、教えてよ」「いや、アタマの中で、何度も映写して、完璧さを確認したし、クライアントに通らないのは明かだから、もう、いい。つくらなくて」とアタマの中で完結していた。唖然とした。

ぜひ、これからも、広告という枠を楽しんでください。僕はCMの山内さんが一番好きです。

実践編❽

プレイステーション方式

「クロロス」という会社をつくった。この名前はプレステでの僕のプレーヤー名だ。「クロス」とコントローラーで入力したつもりが、二度打ちをしていて「クロロス」になった。これが意外と嫌いじゃない。姫や仲間の女性剣士とかに「ねえ、クロロス」と呼ばれるのだもの。

PlayStation（以下、プレイステーション）は、よく遊んだな。CM担当商品のことは熟知していたいと思う。生理用品のように実感やニーズ感が不明なものもあるが、基本的には商品には通じていたい。テレビゲームも任天堂の初期型ゲーム機「COLOR TV GAME 15」や、Activision のソフトを走らせるためにカートリッジ式家庭用ゲーム機「Atari 2600」にハマっていた。ソフトのシズルを体感するのももちろんだが、やめられなくて朝を迎えて「俺って、ダメなやつ」と自覚する自嘲的快感も知っているのだ。プレステでも「ドラゴンクエスト」や「バイオハザード」、最近では「Ghost of Tsushima」とか何周もして、つくづくダメさ気分を味わっている。そんなゲームする側のココロが通ったCMにしたかった。

サンドイッチ構造

強烈なBI（ブランド・アイデンティティ）ロゴでCMを挟む

プレイステーションのオリエンは、「垂直立ち上げ」というシビアなものだったと記憶している。その仕事に僕を呼んだのは、小霜和也君。[39] 資生堂へアコロンジェルズの「にゅうタイプ」とか「日清紡の山田さん」とか、オモシロ路線の相棒だったコピーの小霜君から「なんか、黒須さんに向いてると思って」と声を掛けられた。まだ、どんな売り方をするとか、キャンペーンシンボルとか、SONYの名前4文字を押し出すか否かとか、決まっていない段階だった。だがオリエンは「オンエアしたら、一気に知名度を高め、一気に売れたい」というものだった。

言うは易し、の典型だな、と思いつつ、その奇妙なロゴを眺めていた。プレイステーションのロゴは、Pが立っていて、Sが寝ている。パース図として成立しているロゴで、立体造形としては締まりがない。しかし、奇妙な造形は印象にも残るわけだ。こいつを料理してみるかと、思い立ったのが、CMのBIサンドイッチ構造。このロゴでCM前後を挟むのだ、ブランドの立ち上げと、AIDMAのアテンションとインタレスト獲得のために、強烈なシンボルBIをつくろうと。この仕事のちょっと前にマツダの「アンフィニ」という車種ブランド立ち上げをやっていたのだが、そのプロトタイプ作成の時に思いついたこのサンドイッチ構造、効果的なのだ。前後のCMとの区切りを明確にするために「黒バック」を敷き、そのセンターにこのPとSのロゴが組み立てられるCGに。さらにそこに印象的なサウンドロゴを合わせるのだ。サウンドロゴは、エクボ堂やドコモダケの歌など、あれ

39　クリエイティブディレクター、コピーライター。博報堂から独立し、米村浩氏とノープロブレム設立。広告クリエイティブの企画制作他、マーケティング・アドバイザーとして、コンセプト開発や広告コミュニケーション設計のコンサルティングも行っていた。

BIサンドイッチ構造

bunn!!

前後のCMと区別する
黒バック

·硬質感·ハードのイメージ
·ＰＳ２以降ロゴデザインが
変わっても「音」は不変

間のCMは
それぞれの狙いで演出

いくぜ１００万台

PlayStation

プレイステーション

ブランドスローガン

立体構成アニメーション
ロゴの印象づけ

日本語読み

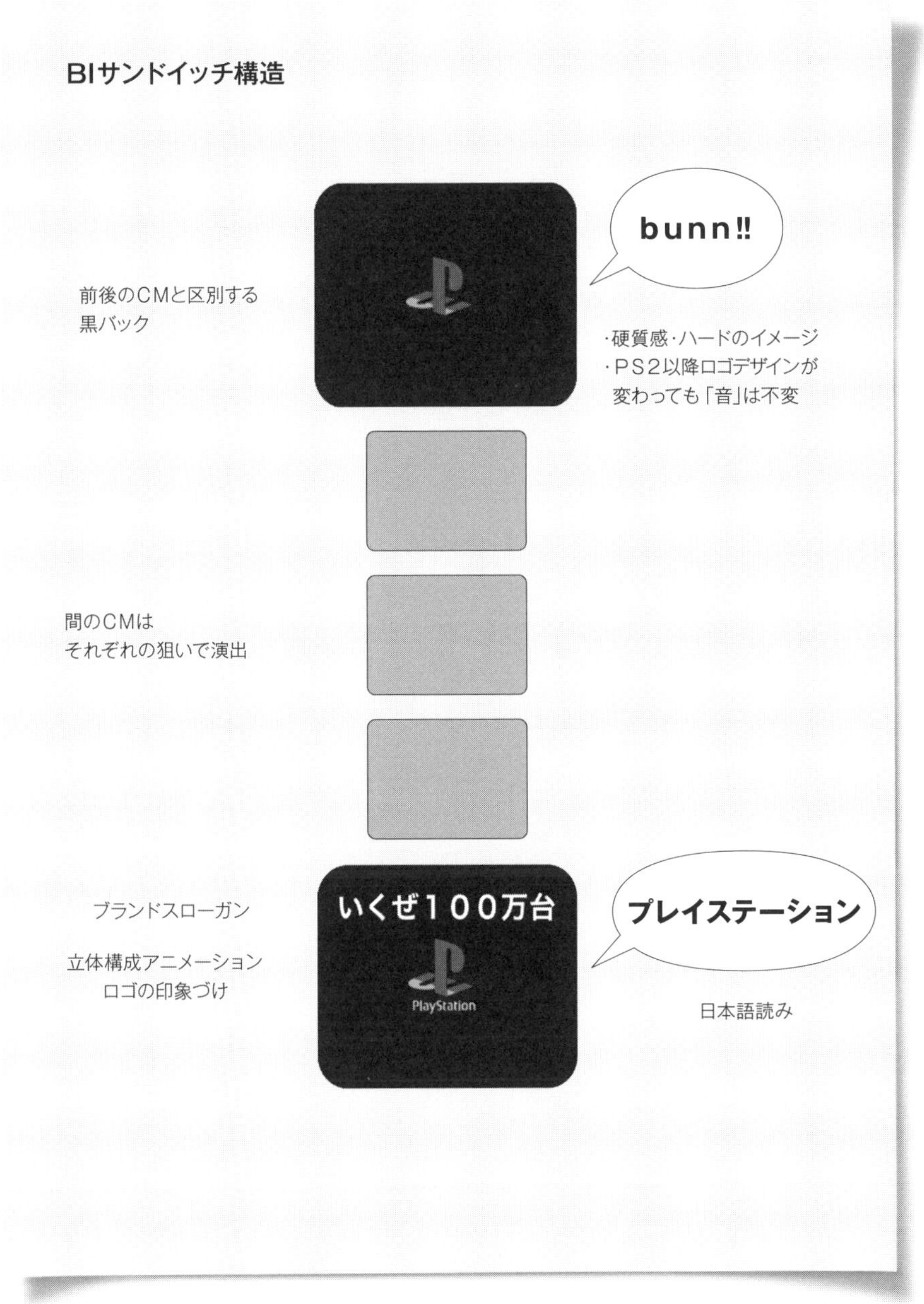

これ共同作業しているムーンライダーズの岡田徹さんに依頼した。100種類くらいの音を試した結果、プレステの起動音の圧縮を試してみた。ブーーーンという音を短く圧縮すると「ビウン」とも「ジョン」とも表記しづらい、独特な厚みの音ができあがった、この音はPS2もPS3もOSは変われど、BIのアテンション音として継続されていた。

値下げ広告も、ソフトの広告も、サードパーティのCMも全て、このフォーマット（サードパーティは頭だけ）という累積効果が、垂直立ち上げを達成した。たぶん。

ソフトCMとハードCMを併走
ブランドの浸透と、商品（ソフト・本体）の売上に貢献するために

僕はPS3が発売になる直前くらいに博報堂を辞めたので、もちろん引き継げなかった。僕の後は、継続したスタッフもいたみたいだし、新たな人も呼ばれたり、垣内さんや村松さんとか、もともとローンチの時にすこしだけ絡んでいた北風勝君もヘッドCDとして復活していたらしい。とにかく複数の人で集中作業しないとさばけないような、壮大なキャンペーンなのだ。しかも、ローソンやAEONのように年間計画がおおよそ決まっているところとは違って、どんなソフトが出るか、どんなハードが登場するか、まったく見えないのだから。

その年間のCMすべてに、アタマの♪〜ブン というBIはついていたので、相乗効果は抜群、しかもテーマ毎に複数本を必ず制作する。P.237の図にあるように、ハードの告知（新機種や値下げ情

CM BIサンドイッチ構造の開発

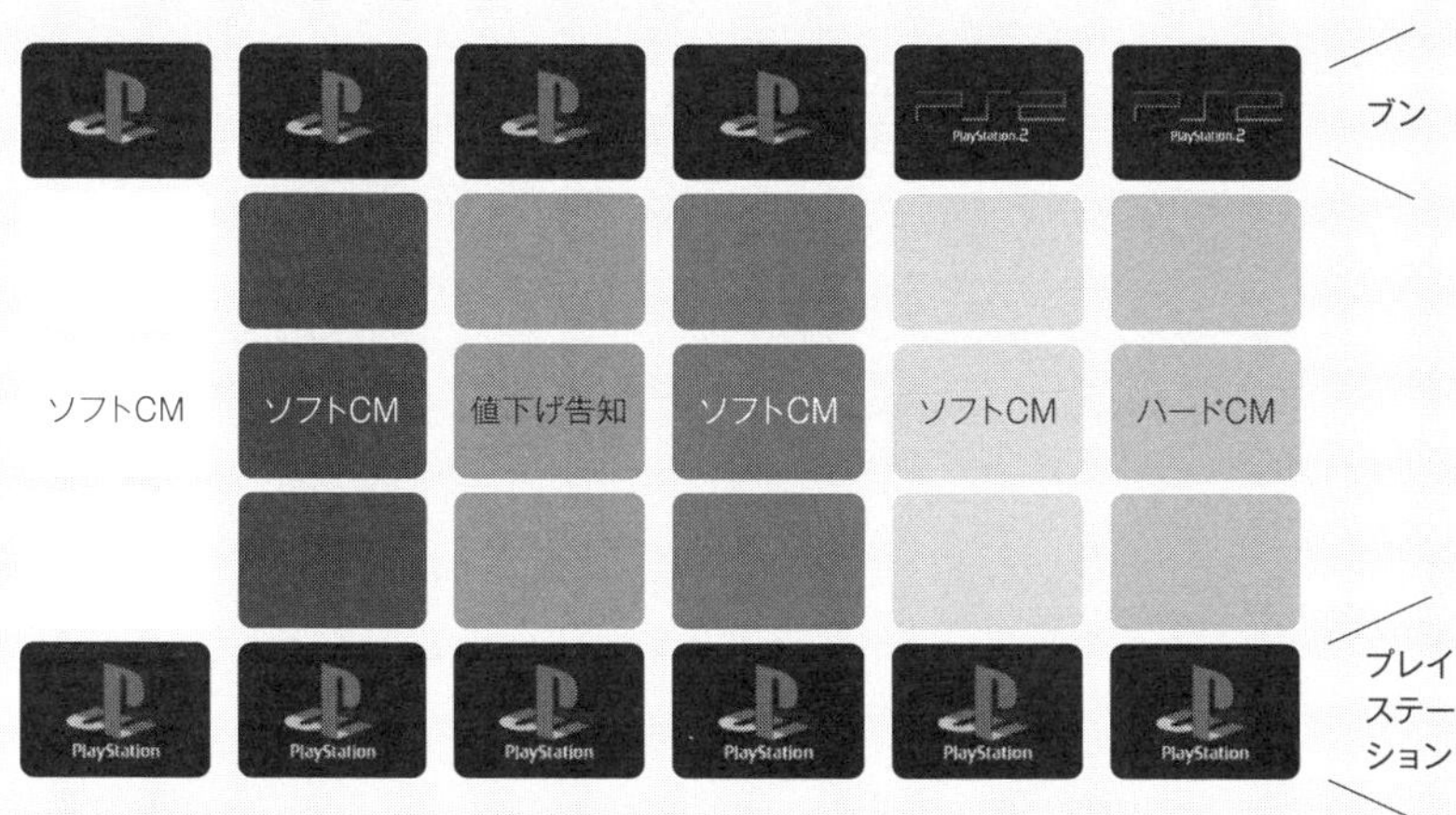

ブランドの存在感醸成に大きく貢献した、CMでのロゴサンドイッチ構造。頭と終わりにPSロゴが入る。シリーズCMにおいては構造的展開が重要であることがわかった。

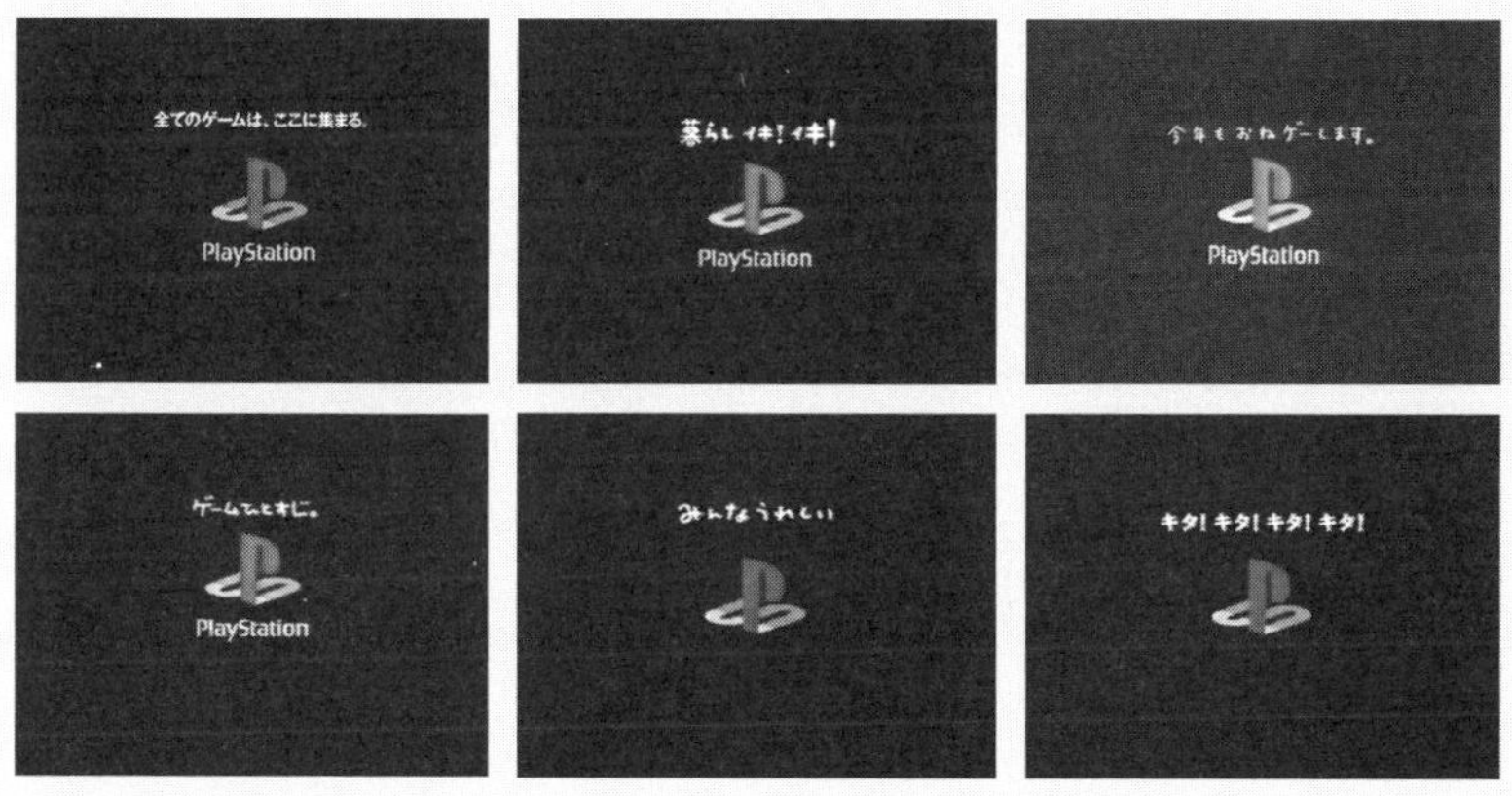

CM終わりに出るロゴには、その時々でキャッチフレーズを入れている。文字の書体は、そのキャッチフレーズの内容にあわせて変化している。

ありもの映像を使ってナレーションをつけたカウントダウンCM

「矢野きよさん」篇

S：PS2が29,800円に。
NA：熊本県豊原村の矢野きよさんは
　　新価格のプレイステーションを買おうと
　　毎日指の皮を鍛えています。
　　プレステ2は、老化防止に役立つらしいと
　　高齢者の間で密かなブームとなっています。
S：あと1日。

「衝突」篇

S：PS2が29,800円に。
　実況NA：えー、プレイステーション2の新価格についての
　　　　　賛成派、反対派のにらみ合いが続いています。
　　　　　あ、いま始まりました。いま始まりました。
　　　　　プレステ2の新価格の賛成派、反対派が激しく衝突しています。
　　　　　こんなに安くなって何が不満なんでしょうか。
S：あと1日。
実況NA:あ、今反対派の竿が……

「漁船」篇

S：PS2が29,800円に。
NA：今日午後、小笠原沖200海里付近で漁をとりやめ、
急遽引き返す多数のマグロ漁船が目撃されました。
これはプレイステーション2の新価格解禁が
明日に迫ったためと思われます。
S：あと1日。

「来日」篇

S：PS2が29,800円に。
実況NA：成田空港上空です。
新価格のプレイステーション2を買おうと
来日した人たちが我慢しきれず、
我先にと日本目がけて飛びおりています。
以上、成田空港上空でした。
S：今日から。

報）と、ソフトの告知に大きく分かれる。ある時、ハードの値下げCM（P.238〜239）が突然決定した。値下げ日の10日前くらいにオリエンがあって、急遽つくりたいと。撮影している暇はないから、ありもの映像を探そうと。『ゆく年くる年』的な報道番組のような素材をみんなで探しまくった。許可を取って編集して適宜ナレーションをつけるのだ。軒先で豆を干している農家の映像には「熊本県豊原村の矢野きよさん（仮名）は新価格のプレイステーションを買おうと毎日指の皮を鍛えています。」とか、海外の集団フライングの映像に「新価格のプレイステーション2を買おうと来日した人たちが我慢しきれず、我先にと日本目がけて飛びおりています。」とか、しかも、そこに「あと1日。」とかのカウントダウン情報を入れる。これを10タイプほど制作した。そうしたカタマリを「ミニフレーム」と呼んでいたが、ソフト側にもハード側にも年間何十フレームもあるのだから、まあ大変、というか楽しかった。もともとCMというのは「商品広告」群と「企業広告や技術広告」群の二軸があったわけですが、このプレイステーションCMを境に「ソフト広告」群と「ハード広告やブランド広告」群の二軸という掛け算も生まれた気がする。両方の情報が適度に重なることで、ゲームへの興味度というものは構築されていくようですね。

長尺（60秒以上）CMも
米国スーパーボウル放映枠の自由なCMづくりを参考に大胆に

PS広告で特徴的なのは、商品撮影がほとんどない、ということだ。商品はゲーム画面のCGだったりするわけで、お金を掛けなくてもアイデアひとつで良質なＣＭができたりする。ＡＣＣ賞に設けられたスモールバジェット部門（２００２年で終了）の初回最高賞を、「フォーミュラー　ワン99・視力検査編」ＣＭが受賞した。視力検査のランドルト環の輪っかは大きくても「読めません」というのに、Ｆ１のコース図はどんなに極小になっても「セパン、モナコ…」と読めていくという、プランナー大島治君のアイデアが輝きました。ほかにも、サイコロゲームの「Ｘ－（サイ）」はゲーム実況だけでも強力で、名人芸のゲーム画面を署名入りでワンカットで見せたり。そう、ゲーム画面だけで勝負できるものも少なくない。ま、それは、ゲーム開発者の知恵であって、ＣＭプランナーはなにもしていないことになっちゃうけど、なにをピックアップして映像化するか編集するかということが、企画なのかも。

初期のファミリーコンピューターなどの8ビット・16ビットのゲーム機の頃は、ＣＭはそのゲームの世界観を拡張させる増幅装置だった。ギザギザのジャギーの入った王様と龍が戦うようなゲームは、壮大なＣＧや合成画面でのスケールアップされたムービーをつくったりしていた。それはそれでお金がかかっただろうが、最近のゲーム画面の進化は凄まじく、「Ghost of Tsushima」のススキ野原の風景などは、実写ＣＭの背景に借りたいほどのクオリティだ。ゲームＣＭも新しい局面に来ているのだろう。実況中継とかの方が、興味をそそるのかも。

商品撮影がないということではＷＯＷＯＷのＣＭも同様で、中身が濃いということを「濃い」という文字が濃く滲むだけのタイポグラフィーとか、「ｖｓ」という記号が燃えるとか、ＰＳのフォーマットをいくつか転用した。シンプルなアイデアの映像化は、なるほどねという納得性も高く、評価も高い。

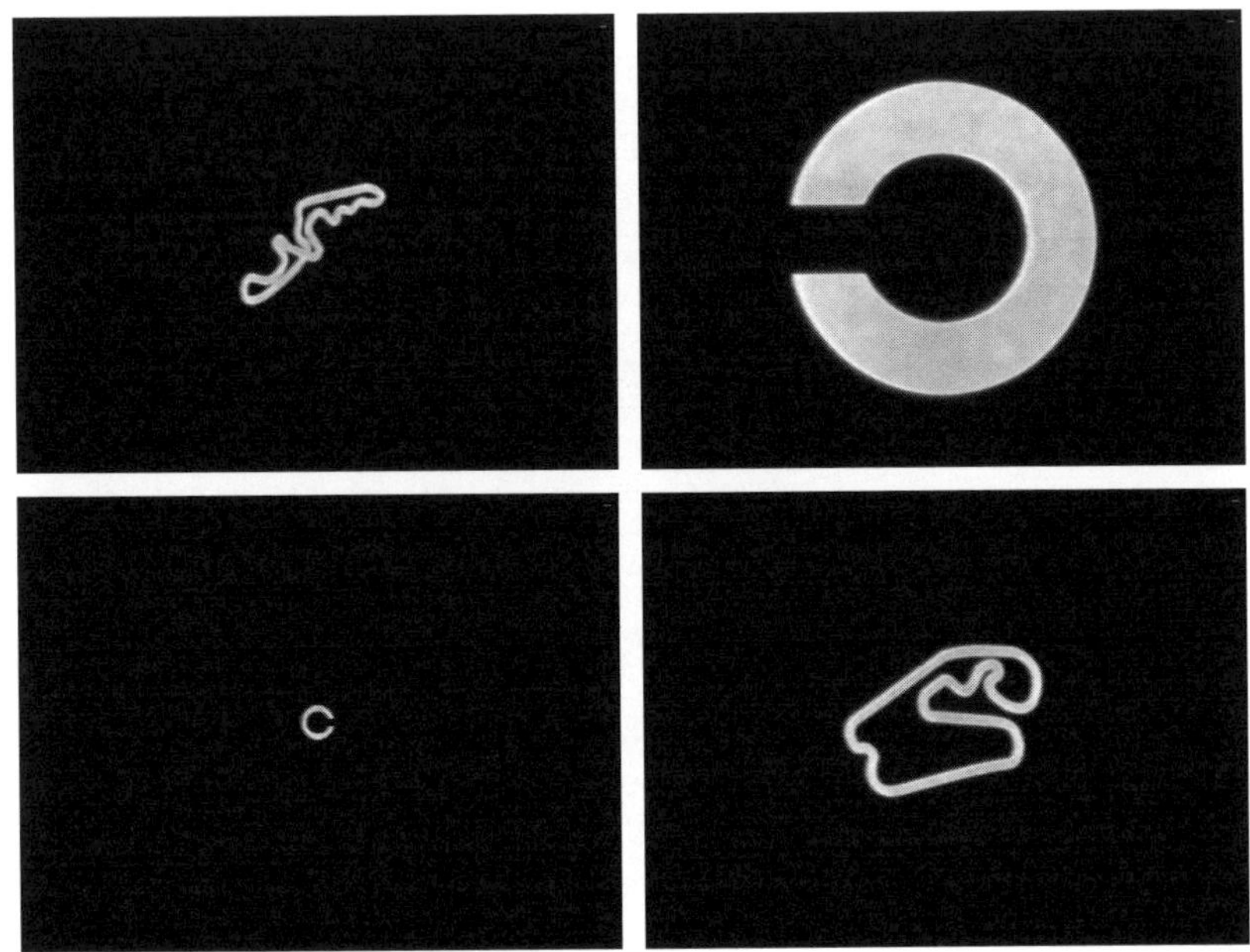

「フォーミュラ ワン99」
視力検査篇

男：わかりません。
　　わかりませーん。
　　あー、わかりません。
　　インテルラゴス
　　ホッケンハイム
　　スズカ
　　あーあ、わかりません。
　　モンツァ
　　セパン
　　ハンガロリンク
NA：F1が何より好きなあなたへ。
　　さらに進化したリアルレーシングゲーム。
　　フォーミュラ ワン99
男：イモラ、モナコ、シルバーストン
SL：PlayStation

低予算高効率のＣＭ
サウンドロゴのインパクトとゲーム画面の活用でコスパ良く

ＰＳの広告には、いろいろなフレームがあった。小枠、大枠。新聞突き出し、ドア上ステッカー。ダンスイベント、ティッシュ配布、５秒ＣＭ３階建て、などなど。クライアントから、今度は深夜枠を買うよというお知らせ。視聴率は低くても若者がダラダラカウチ視聴しているからだ。若者に人気の音楽番組『COUNT DOWN TV』の後枠で、音楽を観た直後にゲームのＣＭでこりゃいいなと。15分番組だと90秒のＣＭ枠があるから、中ＣＭに60秒が組めるという計算になった。ほとんどのＣＭは15秒で、たまに番組枠で30秒があるのが日本のＣＭ事情だから、60秒というのは企画者にも演出家にも、希少でよだれの出そうな仕事なのだ。

このときは、米国・スーパーボウル[40]放映枠のＣＭ群を参考にした。最高視聴率の番組にただ一度しか流れないＣＭをあてる。なんとも潔い、カッコイイ。そこまでの最高視聴率という訳でもないが、若者に特化した場だ、一度しか流れない刹那的なのも悪くないよねと始まったプロジェクト。

プレステのＣＭは当時の超売れっ子演出家たちが携わっていたが、このニュースはみんなに広がり「俺も」「私も」という感じになっていった。中島哲也さん、前田良輔さん、山内ケンジさん、高田雅博さん、中村佳代さん、真田敦さんなど錚々たる面々だ。そんな人たちが広告代理店の会議室に一堂に会したのだからビックリでした。ルールは、それぞれ４回分、60秒ＣＭを４本制作、できるだけロ

40　全米で一億人が見るといわれるＮＦＬ（ナショナルフットボールリーグ）のチャンピオンチームを決める優勝決定戦。その試合の途中に放映されるＣＭが毎年話題を集め、海外広告賞で入賞している。

ーバジェットで。順番は、中島さんは「最後でいい」と、あとはくじ引きで、山内さんトップ、中村さん二番手、高田さん三番手と決まっていった。山内さんは当時の記者会見をモチーフにしたワンカットもの等で、中村さんのは、まだ高校生だった仲間由紀恵さんと友人のヒネクレた会話もの。最高に面白いシリーズが始まったのだが。高田さんが演出コンテを描き上げたときに、局側の都合で番組が休止してしまった。ま、お2人の8本の名作は残ったのですが、高田さん、みなさん、ご苦労様でした。

超静かなカウントダウン広告

「MLB」と「ほんだし」のCMからインスパイアされた新形式

米国・MLB（メジャーリーグベースボール）に対するCMメッセージが印象的だった。1995年、MLBの大規模ストライキ中に流れたCM群。誰もいない選手もいない、がらんとしたスタジオ観客席をゆっくりパンするカメラ、音声は大観客の歓声だ。その観客席の画面にひとりだけ、客が立ち上がって両手を振り上げている。ひとりウェーブだ。右から左への映像でも、またしても同じ男が立ち上がる。そして、（うろ覚えだが）「3days passed We want playball」の文字、「もう3日も経った。早く野球が観たい」というファンたちの言葉、このCMは連日カタチを変えて続いたらしい。カウントアップ広告だ。センスがいい。

PS2発売告知のCMプレゼン当日、ふと、テレビを観ると、樹木希林さんと田中麗奈さんの「ほんだし」(味の素)のＣＭ。「ちょっとあれとって」「あれって、なによ」「あれよ」「あ、おたまか…」みたいな、なんでもない朝の景色だ。ふと、その場に、ＰＳ２情報を置いてみたくなった。「おかあさん」「今日、あれだからね」「なにあれって」「発売日」とか、そんな自然な流れが急にいいような気がしてきた。

ＰＳ２の発売は一号機と違って鳴り物入りだった。徹夜組が並びメディアもあおった。ＣＭも強くあれと、クライアントから言われてのプレゼン日。なんかいまひとつ決まらない企画ばかりな気がして、釈然としないままコンテを持っていこうとしていた朝の「ほんだし」だ。プレゼンの場で、そんな朝の会話で綴った企画を、３日後にお持ちします。今日は、なしでと。よく、そんな戯言を聞いてくださったな、ＣＭ立ち上げ当時の宣伝部長・佐伯さん。感謝。

後日、ほんだしとＭＬＢを掛け合わせたような、なんでもない風景描写を綴った(P.２４８～２４９)。ＰＳ２発売周辺の人々の出来事を点描しよう。それを、カウントダウン広告として10日前から、五月雨で打とう。この表(２４６～２４７ページ参照)みたいな構造でと、プレゼン。即決だった。全部で20数本。監督も関谷宗介さんほか数名、企画もみなで担当。朝日新聞『ＣＭ天気図』にもふたたび載った。商品も売れて、大成功キャンペーンとなった。

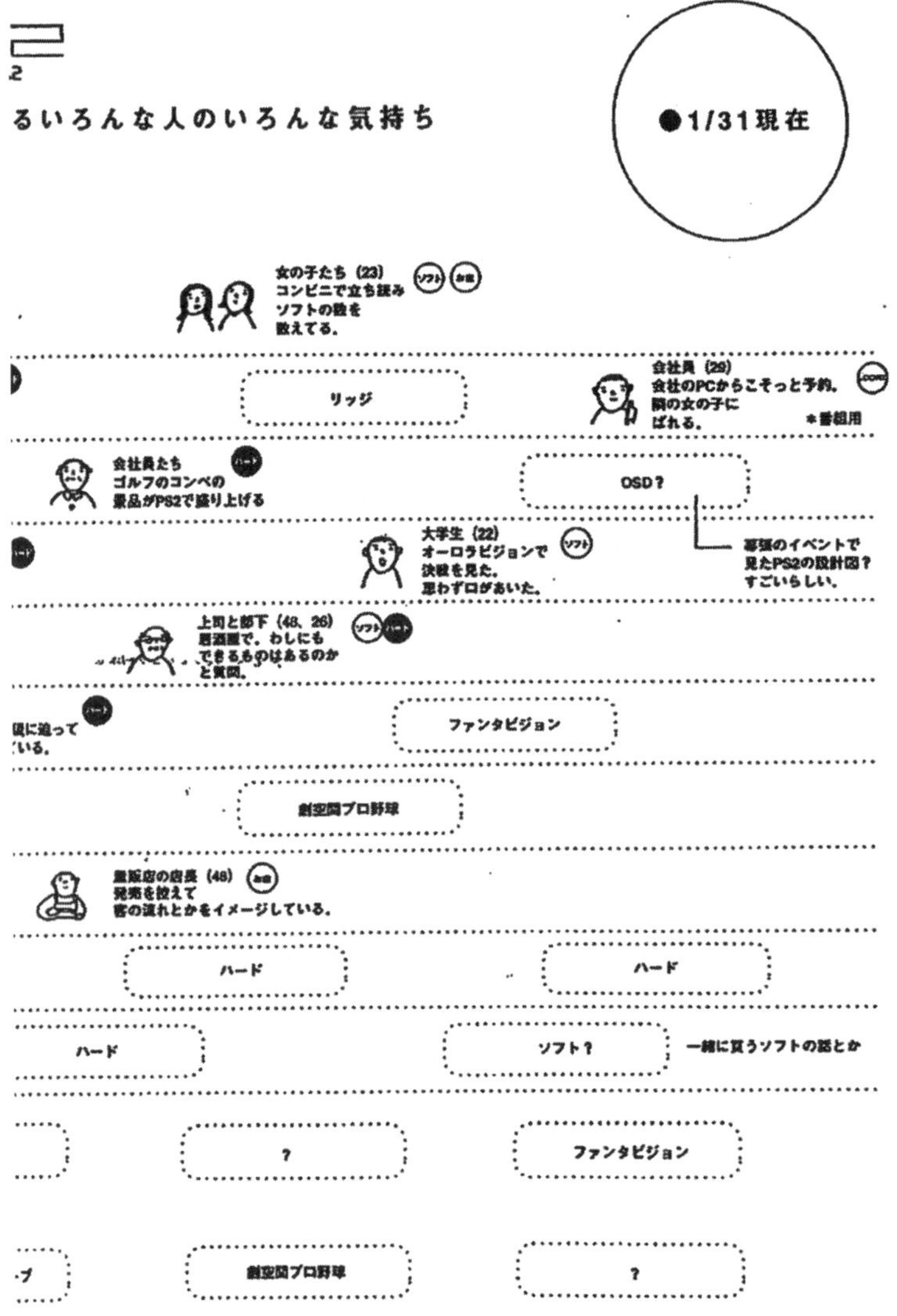
るいろんな人のいろんな気持ち
●1/31現在
女の子たち（23）
コンビニで立ち読み
ソフトの数を
数えてる。
リッジ
会社員（29）
会社のPCからこそっと予約。
隣の女の子に
ばれる。
＊番組用
会社員たち
ゴルフのコンペの
景品がPS2で盛り上げる
OSD？
幕張のイベントで
見たPS2の設計図？
すごいらしい。
大学生（22）
オーロラビジョンで
決戦を見た。
思わず口があいた。
上司と部下（48、26）
居酒屋で。わしにも
できるものはあるのか
と質問。
ファンタビジョン
劇空間プロ野球
量販店の店長（48）
発売を控えて
客の流れとかをイメージしている。
ハード
ハード
ハード
ソフト？
一緒に買うソフトの話とか
？
ファンタビジョン
劇空間プロ野球
？

プレイステーション2の発売にまつわ

日付	イベント	エピソード
2/18 fri.	●イベント開始 ●番組枠スタート ●ボード掲出	社会人（32） 草野球。 だらだらキャッチボールしながら 買う、買わないの話。
2/25 fri.	●スポット開始 ●カウントダウンスタート	JRの駅員（32） ホームのPS2ボードが すごく気になっている。
2/26 sat.		中学生（14） プールで タテにするか ヨコにするかの議論
2/27 sun.		パパ（29） 犬の散歩中、PS2の 貼紙に立ち止まる。
2/28 mon.		受験生（16） 合格祝いにPS2を 買ってもらう約束を。 今年受験でラッキー
2/29 tue.		小学生（11） 発売日が4日 わくわくして
3/1 wed.		公務員（26） 談話の最中にPS2の ボード広告に気付く。 彼女の話は上の空。
3/2 thu.		大学生（21） 朝 突如、部屋片付け。
3/3 fri	●発売前日	大学生（20） 銀行のCD見て、 あ、お金おろしとこ。
3/4 sat.	●PS2発売！	中学生（13） うれしくて、 フロントローディングにチュー。
3/5 sun.		？ リッジ
3/11 sat.	●PS2再出荷	家族 子供が決戦をやってるのを見て 母「なんか大河ドラマみたいね」 鉄拳／バストアムー
3/18 sat.	●PS2再出荷	

5日前　2月27日(日)

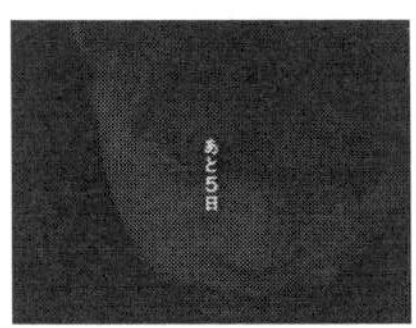

(受験日に家の玄関で受験生と母親)

S:あと5日。

母:じゃ、お昼くらいかしら。
　ねぇ電話ちょうだいね。

息子:うん。

母:いってらっしゃい。

息子:……受かったら2ね。

母:2?2ね。

S:3月4日発売。

4日前　2月28日(月)

(チャット中の画面。キーをたたく音が響く)

(画面上のチャット)

KOMO:やっとリッジにさわった。

ブイブイ:幕張で?

S:あと4日
　3月4日発売。。

3日前　2月29日(火)

(通過した電車を見送る駅員。ホームの向こう側にあるPS2のポスターが気になり、見つめ続ける)

S:あと3日
　3月4日発売。

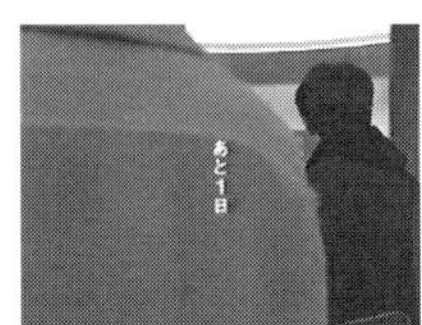

(キャッシュディスペンサー前を通りかかった会社員二人)

会社員1:ちょっと悪い

会社員2:混んでるよ、明日でいいじゃん。

会社員1:いや、今日下ろしとく。

S:あと1日

3月4日発売。

発売開始　3月3日(金)

(自宅のテレビ前、購入したPS2始動する姉妹。ぼーっと見つめる父)

姉:いい?

妹:うん。

姉:押すよ。

♪~シュワーン(立ち上がる音)

姉:うわーーー…。

S:本日発売。

(自宅のテレビ前。男子高校生が購入したPS2を縦置きする)。

(フロントローディングを開いて出てきたトレイに目をつぶって唇を寄せる)

(もう一度押し、再びトレイにキス)

S:本日発売。

プレイステーション２の発売にまつわる、いろいろな人たちの気持ちを描いたカウントダウンCM

8日前　2月24日(木)

（野球場で試合前にキャッチボールする社会人２人）
S：あと8日
男1：あれ、買う？
（投球）
男2：…買う。
S：3月4日発売。

（コンビニで立ち読みしながらソフトの数を数えている女子大生２人）
S：あと8日
女1：ニ、サンシ…ニーシーローヤー…ニジュウ…
女2：けっこうあるんだね、ソフト…
女3：うん。
S：3月4日発売。

7日前　2月25日(金)

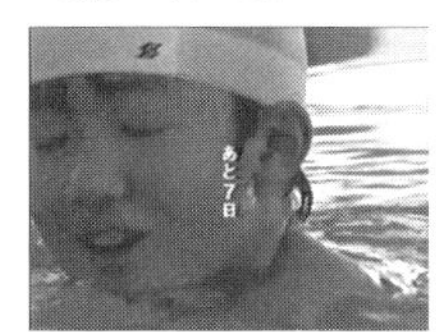

（プールで泳ぐ小学生男子２人、PS２の置き方について談義）
男子1：縦置きにする？横置き？
男子2：縦。
S：あと7日
男子1：山田は横置きだよ
男子2：でも、やっぱ縦でしょ
S：3月4日発売。

3日前　2月29日(火)

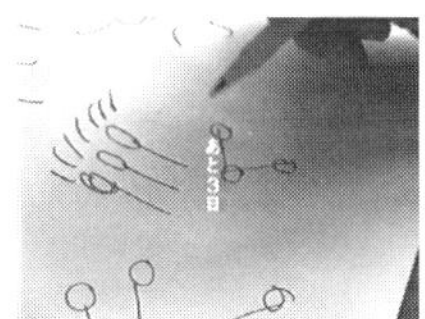

（喫茶店にいるカップル、男がゲームについて説明）
男：だからさ、まず赤赤赤って爆発すんじゃん。
そしたら、青青青って連鎖して…。
女：花火が？
男：そう、連鎖してくんだよ。
女：…わかんない。
男：うーん、そういうパズルっぽいのが出るんだよね。
S：3月4日発売。

1日前　3月2日(木)

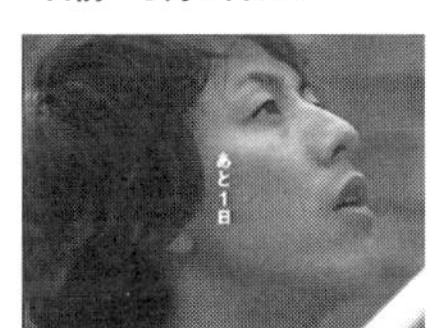

（新宿アルタ前 ビジョン画面を凝視する会社員）
（画面の中のゲームの音が響き、男は口をぽかんと開けたまま立ち尽くす）
S：あと1日
画面を見た女の子：すごーい。
S：3月4日発売。

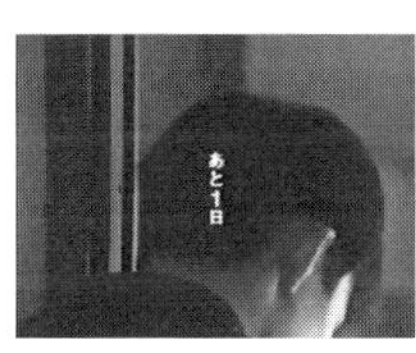

（兄は部屋で整理中。弟が入り口からのぞく）
兄：あ、それ、やるよ
（古いPSを置く）
弟：2…買うの？
兄：うん。
（弟が部屋に入ろうとする）
兄：入ってくんなよ
S：3月4日発売。

⑮ 萩原ゆかさん

いつも一緒にいるもんで、気づかないこともあるんだけど、あらためて、萩原ゆかはすごいと思う。

最初に会ったのは、デザイナー採用の面接日。小さな声で「デュッセルドルフ…」だと。帰国子女だった。描いている画が、外国の子どもたちが描くようなタッチで、もう、こりゃ、すごいよと、しょっぱなから思ってしまった。

声は小さい。そもそもあまり喋らない。字も小さい。コンテの1コマも5ミリ四方くらいだ。あるとき、僕は飲み会があったので早く帰ろうと、テキトーな企画を言いのこして「こんな始まりで、次つないで、最後、商品に落とし込めば成り立つよね、じゃねよろしく」と帰った。次の朝、萩原の机を見ると、原稿用紙がキチンとおいてあって、その隅に、小さく、4コマ描かれていた。あたまはCーだから、2コマ目と3コマ目に僕が言ったような流れが描かれていて「あ、やってくれてる」と思ったら、次のコマは白コマだった。コピーのところに、僕が言いのこした、テキトーな商品へのつなぎ言葉が書いてあって、そこに「×」がしてあった。「うーむ。これは、考えたけど、やっぱりおかしいので、できませんでした」という意思表示だなと。納得した。しかも午後に出社したときに、まったく新しい素晴らしい企画を持ってきたのだ。僕は二重に恥ずかしくなって、小さくなった。

萩原の企画は冷静で、緻密で、正確で、すこし悪意があって、すこし控えめだ。同じシンガタにいた権八成裕君の企画とは対照的だ。ゴンゴンと企画の濃さが増していく、スピード感みなぎる権八企画とは逆に、引き算の美学とでもいうのか、おだやかで、しなやかで、ある意味強い。

サボローやコンテ画の味わいから「画の人」と思われがちだが、ところがどっこい「言葉の人」でもあるのだ。セリフ力がハンパない。あの市川準さんが、晩年萩原を相棒のように引き回していたのもうなずける。僕は思いつきだけで、ババババと書いてしまうのだが、それを修正してくれるのも萩原だ。「黒須さんの言いたいのは、こういうことですね」と静かに訂正してくれる。プレステでの萩原企画も「俺の屍を越えてゆけ」「サイ」「ウンジャマラミー」と会話や歌モノでコトバ軸だ。

そういえばサボローも、萩原がオプションで持ってきた企画だ。明光のキャラは、僕が主張したキャスター先生とか、水口克夫君のダルマ先生があったけれど、どちらも、正攻法のポジキャラでヘタをすると手前味噌になりがちだったが、そこをうっちゃるような、萩原なりのシニカルな表現だった。いやあ、汲んでも汲んでも尽きることない泉のようで、ホントに頼りにしてまっせ。

まだまだ、ほかにも、すごい人は、いっぱい、いる。また別の機会にご紹介したい。

おわりに

ふと、気がついてみると、映画に行った人、脚本に行った人、クライアントに行った人、ネットフリックスを受けた人、ひとりコンサルを始めた人、シェフになった人、学者になった人、老後を楽しんでる人、死んじゃった人、いろいろなんだけど、結局僕は、まだ、続けている。CMプランナーを。1975年博報堂入社だから49年目になるわけだ。ひょえ。この前スタジオで「まだ現場やってんすね」とか言われて、「いけませんか」と心の中で呟いた。て言うか、普通にアタフタと焦ったり悩んだり悔しがったりしてるんですけどね。

CMを考えることは、とりあえず、面白い。時代によって、流行やコトバも変わるし、メディア自体も変わるし、それに合わせての映像技術や伝達技術も大きく変化する。いや、なにより人々の広告への関心や態度が大きく変わっているのだ。だから、なおさら面白い。

このワクワクとソワソワを忘れないうちに、だれかに伝えとこうと思ったわけだ。広告代理店クリエイティブ系で、ほぼ半世紀の間、見て聞いて実体験してきた。中堅と言われる頃からは、日大藝術学部、京都精華大学、さらにはCMプランナー養成講座や広告学校などで講師や客員教授も掛け持ちした。そこでCM作法の話をあれこれ重ねてきたわけだけど、なんとも膨大な量のレジメと資料映像とかを整理しなくちゃなと思ってたところに、この書籍化のお話をいただき、いい機会だなと。まとめてみようかな、と思ったというわけです。

僕はオールマイティというか万屋（よろず）というかバランスいい方で、「コトバ」と「映像」と「音楽嗜好」と「理系発想」と「お茶目」と「エロス」と「年相応の知識」と「体力」とがバランス良く配分されているみたい。マーケの8角形グラフ的に見ても、へこみはない。70点平均くらいかな。だから、一分野にすごく尖った人と組むと、すこぶる具合が良いのだ。ツボを押さえつつ突破力が出てくる。

だれかがCMはバンドみたいだと言っていた。確かに似ている。もちろんワンマンのバンドもあるけど、やっぱり複数の掛け算に「発見」があることが多いのだよ。いろいろな「才能」と出会った。教わった。嫉妬した。喧嘩した。信じた。そして失敗もした。

広告の授業ってなにするの、って聞かれるけど。確かに、広告には、必勝法とか奥義なんて、特にない。その都度都度、与えられた条件と突発的な出来事とかに苦しみながら、そこをバネにして、抜け道をみつける。それが、意外と最短距離だったりも、する。

これまでも、からむナレーションとか、サンドイッチBI構造とか、ドラマCMとか、主力商品感とか、場の話法とか、温度の低い会話とか、勝手な言い方で、あれこれ「やり口」を発見してきた。みなさんも、コトバと映像に時間軸を掛け合わせて、独自の「やり口」のヒントをみつけてくれたら嬉しいです。そこに集中した、本になってればな、って思います。

しかし、まあ、僕も、なんだかんだ、十二分に楽しませていただきました。CM人生。あー楽しかった。

画：平井さや

黒須美彦（くろす・よしひこ）

クロロス クリエイティブディレクター

プロフィール

1975年慶應義塾大学工学部卒業後、博報堂入社 。ソニー・PlayStasion、カゴメ、資生堂など数々のCM仕事を経て、2003年に佐々木宏氏らが設立したシンガタに参加。2018年独立して、クロロス設立。サントリー／金麦・金麦〈糖質75%オフ〉・－196°Cストロングゼロ、明光義塾／YDK・サポロー、NTTdocomo／ドコモダケ、AEON／Singing AEON（山口智子）・お客さま感謝デー（武井咲）・AEON CARD（蒼井優）、ローソン／それいけ！ローソン通り物語、ロッテ／小梅・ガーナチョコレート・ザッカル・ヨーグルト100他、日本テレビ／日テレちん、ディー・エヌ・エー／いい大人のモバゲー、WOWOW／いいものゴロゴロ、森永製菓／ダース・inゼリーなどを手がける。カンヌライオンズ銀賞ほか受賞多数。

装丁　菊地昌隆（Ball Design）

イラスト（表紙／本文）＋編集協力　萩原ゆか

イラスト（CM／カメラワーク）＋編集協力　村松さやか

イラスト（メディア空間）　里見亜美

編集協力　廣田喜昭（代官山ブックス）

DTP　NOAH

※本書制作にあたり、ご協力をいただいた企業、広告会社、制作会社、出演者、
スタッフの皆さまに深く御礼を申し上げます。
※本書に掲載しているCMのイラストは、当時の画コンテをベースに再現したものです。
※掲載にあたり確認を進めましたが、一部の関係者の方にご連絡が取れませんでした。

門外不出のプロの技に学ぶ

映像と企画のひきだし

発行日　2023年12月25日　初版第1刷

著者　黒須美彦

発行人　東 彦弥

発行所　株式会社宣伝会議
〒107-8550　東京都港区南青山3-11-13
TEL 03-3475-3010（代表）
https://www.sendenkaigi.com/

印刷・製本　モリモト印刷

ISBN 978-4-88335-573-0

宣伝会議 の書籍

クロスカルチャー・マーケティング
日本から世界中の顧客をつかむ方法
作野善教 著

海外の消費者や国内に住む外国人、訪日旅行客を見据えたマーケティングの考え方、組織づくり、市場・顧客分析、クリエイティブなどについて解説。国内市場の成熟が進むなか、日・米・豪で企業のマーケティングを支援してきた筆者による、これからの日本企業への指南書。

■本体2000円＋税 ISBN 978-4-88335-559-4

世界の広告クリエイティブを読み解く
山本真郷・渡邉寧 著

ある国では「いい！」と思われた広告が、なぜ、別の国では嫌われるのか？そこにはどんな価値観のメカニズムがあるのか？オランダの社会心理学者 ホフステード博士の異文化理解メソッド「6次元モデル」で世界20を超える国と地域から、60事例を分析。グローバル時代のマーケター、クリエイターに必須の教科書。

■本体2200円＋税 ISBN 978-4-88335-575-4

なまえデザイン
そのネーミングでビジネスが動き出す
小藥 元 著

競合他社に埋もれない「商品名」、人を巻き込みたい「プロジェクト名」、覚えやすく愛される「サービス名」、社員のモチベーションをあげる「部署名」…それ、なんて名づけたらいい？数々の商品・サービス・施設名を手がける人気コピーライターが、価値を一言で伝えるネーミングの秘訣とその思考プロセスを初公開。

■本体2000円＋税 ISBN 978-4-88335-570-9

なぜウチより、あの店が知られているのか？
ちいさなお店のブランド学
嶋野裕介・尾上永晃 著

多くの個人や企業がネットショップやSNSを通じてビジネスする時代に不可欠となっている「SNSで注目される・知られる」ための方法。広告プランナーでSNSとPRのプロである著者2人が、そのために必要な「客観視」のやり方やSNS発信で使う「技」を解説。

■本体1800円＋税 ISBN 978-4-88335-569-3

宣伝会議 の書籍

わかる！ 使える！ デザイン

小杉幸一 著

仕事おいて、あらゆるシーンでかかわってくるデザイン。しかし、どう判断すべきかわからず、苦手意識がある人も多いのでは？デザインを依頼する側が自信を持ってデザインの良し悪しを判断できるようになる考え方のヒントと具体的な事例を紹介。

■本体２０００円＋税

ISBN 978-488335-551-8

ステークホルダーを巻き込みファンをつくる！オウンドメディア進化論

平山高敏 著

「キリンビール公式ｎｏｔｅ」立ち上げに携わり、キリンの情報発信戦略を担う筆者が、オウンドメディア立ち上げの「適切なアプローチ」から、継続できるオウンドメディア運用のポイントを解説。マーケティング・広報部門で自社情報の発信を担当する人は必読の一冊。

■本体２０００円＋税

ISBN 978-4-88335-555-6

好奇心とクリエイティビティを引き出す 伝説の授業採集

倉成英俊 著

正解のない問題に、あなたはどう解答しますか。自称「伝説の授業ハンター」の著者が、家庭や企業、国内と海外、有名と無名など、カテゴリーと時空を超えて採集した「伝説の授業」20選。凝り固まった「思考バイアス」がほぐされ、新しい発想を手に入れることができる。

■本体１９００円＋税

ISBN 978-488335-550-1

地域の課題を解決するクリエイティブディレクション術

田中淳一 著

感覚に頼らず、自治体やローカル企業のプロジェクトを成功に導く、クリエイティブディレクションの方法論。全国38の都道府県で自治体や企業の課題解決に取り組んできた筆者が、地域ならではの事情を踏まえ、アイデアから実行に至るまで、豊富な事例を交え解説する。

■本体１８００円＋税

ISBN 978-488335-529-7